歌でたどる昭和

想田正

展望社

まえがき

歌謡曲らしい歌謡曲が聴かれなくなって久しい。昭和から平成、そして令和になってその思いは一段と深い。今日、歌謡曲というと挙げられる「演歌」は、似て非なるものである。歌謡曲の本流はやはり、昭和それも戦後に求められなくてはならないと思う。

本書は、戦後から昭和末期まで、各年代の代表曲を選び論評を試みた。そしてそれらが、どのような社会状況のもとに生まれたのかをたどるため、その時代の出来事を併せ記した。

全体を2部に分け、前半は「戦後昭和歌謡をたどる」として各曲の特質を論評し、後半は「昭和歌謡を彩った歌手」として14人の閲歴をヒット曲と共に追った。

これによってこれらの歌々が、どれほど多様な社会生活に乗ったものであるかが瞭然とするだろうし、改めて昭和歌謡の魅力が認められることを祈ってやまない。

歌でたどる昭和●目次

まえがき……………………（1）

第1部　戦後昭和歌謡をたどる

昭和21年　民主化と生活防衛の大衆運動が高揚
リンゴの唄…………………並木路子（17）

昭和22年　民主革命に大きなかげり
夢淡き東京…………………藤山一郎（20）

昭和23年　対日民主化政策の転換、明確に
東京ブギウギ………………笠置シヅ子（23）
湯の町エレジー……………近江俊郎（26）

昭和24年　ドッジラインのもと人員整理・倒産続く
長崎の鐘……………………藤山一郎（29）

昭和25年　朝鮮戦争勃発、レッドパージ荒れ狂う
東京キッド…………………美空ひばり（32）

昭和26年　朝鮮特需、復興を促進
上海帰りのリル……………津村 謙（35）
昭和27年　米軍駐留下での条件つき独立
伊豆の佐太郎………………高田浩吉（38）
昭和28年　安保体制の強化進む
街のサンドイッチマン……鶴田浩二（41）
昭和29年　原水爆禁止運動の高揚
高原列車は行く……………岡本敦郎（44）
昭和30年　家庭電化時代始まる
喫茶店の片隅で……………松島詩子（47）
昭和31年　日ソ国交回復、好況続く
哀愁列車……………………三橋美智也（50）
昭和32年　国民生活の向上、急速に進む
東京午前三時………フランク永井（53）

昭和33年　東京タワー、皇室の話題にわく
銀座の蝶……………………大津美子（56）
おーい中村君………………若原一郎（59）
からたち日記………………島倉千代子（62）
昭和34年　ミッチーブームのなか安保改定交渉
お別れ公衆電話……………松山恵子（65）
昭和35年　日本中を巻き込んだ安保闘争
アカシアの雨がやむとき…　西田佐知子（68）
昭和36年　「所得倍増計画」のもとレジャーブームに
上を向いて歩こう…………坂本九（71）
昭和37年　多方面で世界に伍していく日本
下町の太陽…………………倍賞千恵子（74）
昭和38年　活況を呈していくテレビ・歌謡界
高校三年生…………………舟木一夫（77）

昭和39年　東京オリンピック、新幹線開業に沸き立つ
あゝ上野駅…………井沢八郎（80）
昭和40年　証券不況の経済界、任侠路線の歌謡界
赤いグラス…………アイ・ジョージ（83）
昭和41年　反戦歌が広まるなかエレキブーム
二人の銀座…………和泉雅子・山内 賢（86）
昭和42年　全盛期を迎えるグループサウンズ
小指の想い出…………伊東ゆかり（89）
昭和43年　〈イザナギ景気〉のなか広がる公害汚染、学園紛争
ブルー・ライト・ヨコハマ…　いしだあゆみ（92）
昭和44年　月面着陸の成功、フォークソングの高揚
長崎は今日も雨だった…　内山田洋とクールファイブ（95）
昭和45年　大阪万博の盛り上り、学生運動の激化
おんなの朝…………美川憲一（98）

昭和46年　高度成長、〝モーレツ〟社員への反動
わたしの城下町……………小柳ルミ子（101）
昭和47年　日中国交回復、浅間山荘事件、土地投機現象
喝采……………………ちあきなおみ（104）
昭和48年　オイルショックによる狂乱物価
神田川………南こうせつとかぐや姫（107）
昭和49年　マイナス成長から土地高騰へ
ひと夏の経験……………山口百恵（110）
昭和50年　狂乱インフレの反動による世界同時不況
シクラメンのかほり…………布施　明（113）
昭和51年　ロッキード事件に揺れる政界
青春時代………森田公一とトップギャラン（116）
昭和52年　産業界の過剰設備、企業倒産、失業者の増大
津軽海峡・冬景色………石川さゆり（119）

昭和53年　輸出減・輸入増による円高倒産多発
勝手にシンドバッド……サザン・オールスターズ（122）
昭和54年　〝ウサギ小屋〟――経済実力と民衆生活の落差
舟唄……………………八代亜紀（125）
昭和55年　再び石油危機を乗り切るも〝五無主義〟の蔓延
昴……………………谷村新司（128）
昭和56年　好況を支えた勤労世帯の低調、はびこる校内暴力
セーラー服と機関銃………薬師丸ひろ子（131）
昭和57年　国際的な金融不安に市場開放で対応
少女A…………………中森明菜（134）
昭和58年　戦後史の大転換――国際情勢の緊張
㋱組のひと…………ラッツ＆スター（137）
昭和59年　シラケ・モラトリアム世代の登場
桃色吐息……………高橋真梨子（140）

昭和60年　「戦後政治の総決算」――〝新人類〟の出現
セーラー服を脱がさないで…　おニャン子クラブ（143）
昭和61年　土地成金に覆われた金満国家
時の流れに身をまかせ…テレサ・テン（146）
昭和62年　民活路線・行政改革、金融緩和の断行
人生いろいろ…………島倉千代子（149）
昭和63年　「一億総中流」に押し寄せる経済のひずみ
川の流れのように………美空ひばり（152）

第2部　昭和歌謡を彩った歌手たち

春日八郎　望郷歌謡から演歌に歌い継ぐ（157）
島倉千代子　実人生に歌を重ねた歩み（159）
三橋美智也　高度成長期に沿った人生歌謡（167）

三浦洸一　幅広い領域に及ぶ端正な歌いぶり（171）
大津美子　豊麗な歌唱によるスケール感（173）
若原一郎　伸びやかな歌声を響かせた青春歌謡（176）
藤島桓夫　独特の鼻音を活かした個性ある歌いぶり（179）
初代コロムビア・ローズ　純情歌謡から職業路線で恒久的存在に（182）
和田弘とマヒナスターズ　ムード歌謡のコーラス・グループ（184）
フランク永井　都会ムードを彩った魅惑の低音（187）
石原裕次郎　ソフトな低音で魅了した大スター（190）
三波春夫　歌謡浪曲を開拓した国民的歌手（193）
松山恵子　ド派手なドレスで愛された国民的歌手（196）
美空ひばり　半世紀にわたり歌謡界に君臨した女王（199）
あとがき……（203）　参考資料……（206）

歌でたどる昭和

文中、敬称は略させていただきました。

第1部　戦後昭和歌謡をたどる

昭和21年

民主化と生活防衛の大衆運動が高揚

リンゴの唄

サトウハチロー作詞／万城目正作曲／並木路子歌

赤いリンゴに 唇《くちびる》よせて
だまってみている 青い空
リンゴはなんにも いわないけれど
リンゴの気持は よくわかる
リンゴ可愛《かわ》いや 可愛いやリンゴ

あの娘《こ》よい子だ 気立てのよい娘
リンゴによく似た かわいい娘
どなたが言ったか うれしいうわさ
かるいクシャミも とんで出る
リンゴ可愛いや 可愛いやリンゴ

朝のあいさつ 夕べの別れ
いとしいリンゴに ささやけば
言葉は出さずに 小くびをまげて
あすもまたネと 夢見顔
リンゴ可愛いや 可愛いやリンゴ

歌いましょうか リンゴの歌を
二人で歌えば なおたのし
みんなで歌えば なおなおうれし
リンゴの気持を 伝えよか
リンゴ可愛いや 可愛いやリンゴ

戦後の歌謡曲は、この歌で始まったというのが定説となっている。発表されたのが昭和21年（1945）1月だから文字通り戦後第1号なのであるが、そうした時日だけで説明しきれないのは、どこまでもこの歌の内容が、敗戦当時の鬱屈した世情を吹き飛ばすものを持っていたからにほかなるまい。

作詞したサトウは、死や悲しみが一つも感じられない歌を書きたかったようである。けれども、この映画に出演したために歌い手に選ばれた並木路子は、空襲で溺死した母の思い出などがまとわりついて暗くなってしまった。また次兄と父も戦争で乗艦していた船が米軍の潜水艦に撃沈され死亡しており、その上、初恋の人も学徒出陣による特攻隊出撃で亡くしているのであった。

こうした悲運にみまわれていたが、作曲家の万城目に励まされ、徹底的に明るく歌うことにしたという。

この歌は松竹映画『そよかぜ』の主題歌で、主演に選ばれた並木が松竹歌劇団在籍のまま出演し、映画の中でも歌っている。

〔出来事〕

昭和16年（1941）12月8日のハワイ真珠湾攻撃より始められた太平洋戦争は、米国の圧倒的な軍事力を前に、相次ぐ海戦の惨敗と南洋諸島からの撤退など次第に戦局の悪化は続き、軍部は本土決戦を主張するも、8月の広島・長崎の原爆投下、ソ連の満州進攻により無条件降伏となる。

以後、GHQ（連合国軍総指令部）による対日占領政策が次々と断行され、日本人の価値観と精神構造は根底から覆されることになった。それは農地改革、財閥解体そして労働組合法公布と続き、ついに日本国憲法が紆余曲折の末に公布されることに

レコードのオリジナル版は霧島昇とのデュエットになっているが、これはたまたまスタジオに来ていた霧島がこの曲は当たると思い、スタッフに頼みデュエットという形にしたのと、彼女が新人だったためであった。

しかし戦前戦後を通してヒット曲の多い霧島は、この歌を自身で歌うことはほとんどなかった。

また並木によるソロの方が最も良く流通したこともあり、後にはあまり知られなくなったのである。

ＮＨＫラジオの『希望音楽会』で流れたこの歌が爆発的にヒットした要因は、第一に歌詞、第二にその歌いぶりであろう。

「赤いリンゴに唇寄せて」という出だしにドッキリしなかった者があろうか。もんぺ姿を強要された庶民は、この詞に西欧の強い息ぶきを感じ取ったはずである。まさに詩人サトウの面目躍如たるところである。

そして歌手並木の歌い方は、その後数え切れないほど回を重ねているが、その輝かしさはいささかも色あせることはなかった。

なった。また日本経済のインフレ対策として新円切り替え、物価統制令が施行された。

〔流行歌〕「悲しき竹笛」近江俊郎・奈良光枝／「東京の花売娘」岡晴夫／「かえり船」田端義夫

〔映画〕「はたちの青春」（佐々木康 監督）／「カサブランカ」（米）

〔紙芝居〕「黄金バット」

〔世相〕一億総ざんげ／「日米会話手帳」／ヤミ市／のど自慢／街頭録音／尋ね人

1月：公職追放　2月：新円発行　天皇人間宣言　5月：東京裁判開廷　食糧メーデー　吉田内閣成立　8月：経団連創設　11月：日本国憲法公布

昭和22年 民主革命に大きなかげり

夢淡き東京

サトウハチロー作詞／古関裕而作曲／藤山一郎歌

柳青める日 つばめが銀座に飛ぶ日
誰を待つ心 可愛いガラス窓
かすむは春の青空か
あの屋根は かがやく聖路加《せいろか》か
はるかに朝の 虹も出た 誰を待つ心
淡き夢の町　東京

橋にもたれつつ 二人は何を語る
川の流れにも 嘆きをすてたまえ
なつかし岸に 聞こえ来る
あの音は むかしの三味《しゃみ》の音か
遠くに踊る影ひとつ 川の流れさえ
淡き夢の町　東京

君は浅草か あの娘《こ》は神田の育ち
風に通わすか 願うは同じ夢
ほのかに胸に 浮かぶのは
あの姿 夕日に染めた顔
茜の雲を見つめてた 風に通わすか
淡き夢の街　東京

悩み忘れんと 貧しき人は唄い
せまい露路裏に 夜風はすすり泣く
小雨が道に そぼ降れば
あの灯りうるみてなやましく
あわれはいつか 雨にとけ
せまい露路裏も 淡き夢の町　東京

敗戦で灰燼に帰した東京であったが、そのわずか2年後に、早くもこうした英気に満ちた曲が生まれるのは驚くべきことである。

周知のように藤山一郎は東京音楽学校（現東京芸大）在学中から多彩な曲を歌い、そのレパートリーの広さは随一であった。すぐれた歌手は、適材な作曲家を得て花開くケースが多い。藤山の場合はそれが古賀であった。

このコンビの戦前の代表曲は「酒は涙か溜息か」であるが、こうしたマイナー調と同時に藤山には「長崎の鐘」のようなシリアスなものもある。

学校を卒業した藤山はビクターに入社したが、ライバルのコロムビアでかつて放ったヒットをしのぐことはできなかった。その後テイチクに移籍していた古賀に促されて再びコンビを組み、「東京ラプソディ」などのヒットを生んでいる。

この時代の彼の人気はすさまじく、ポリドールの東海林太郎と並んで歌舞伎でいう「団菊時代」を形成したほどであった。

こうした長い芸歴を経た藤

〔出来事〕
ＧＨＱによる大改革の一つ、労働組合法は官公労労働者450万人が参加した2・1ゼネストに結実する。が、同じＧＨＱにより中止命令が下される。政界では、戦後改革を率いた吉田内閣に代わって片山哲内閣（社会・民主・国民協同3党の社会党首班連立内閣）が成立した。
スポーツ界は、古橋広之進による世界新記録樹立にわいた。ラジオでは、菊田一夫の「鐘のなる丘」「二十の扉」が開始され、クイズ番組が人気を集めた。
〔流行歌〕「なくな小鳩よ」岡晴夫／「夜のプラットホーム」二葉あき子／「港が見える丘」平

山であったが、昭和の終焉に至るまでの彼（特に紅白歌合戦での指揮姿）をみると、その本質は徹底した明朗さ、そして都会性にあるように思われる。

彼の幼少期は、家業が順調であった上、音楽家としての資質を育むのに適した環境の下で育った。また、家族に連れられて隅田川を往復する蒸気船に乗って浅草に遊びに行き、物売りの口上や下町の歯切れの良い発音を耳にしたという。この「夢淡き東京」には、そうした彼の特性が満遍なく詰まっている。

柳青める日
つばめが銀座に飛ぶ日
誰を待つ心
可愛《かわい》いガラス窓

君は浅草か
あの娘《こ》は神田の育ち
風に通わすか
願うは同じ夢

作詞家サトウハチローによって、ここに散りばめられた幾多の地名は、他の美空ひばりの類似曲と同様に、花の都東京の魅力をいやがうえにも高めている。

野愛子／「山小舎の灯」近江俊郎／「星の流れに」菊池章子
〔映画〕「安城家の舞踏会」（吉村公三郎 監督）／「アメリカ交響楽」（米、第一回ロードショー）
〔書籍〕「肉体の門」田村泰次郎／「堕落論」坂口安吾／「斜陽」太宰治／「青い山脈」石坂洋次郎／「暗い絵」野間宏／「ノンちゃん雲に乗る」石井桃子
〔世相〕ブギウギ／ストリップ・ショー
1月：2・1ゼネスト中止　6月：社会党連立内閣　8月：古橋広之進、世界新記録　9月：キャスリーン台風　11月：「二十の扉」放送開始

昭和23年　対日民主化政策の転換、明確に

東京ブギウギ

鈴木 勝作詞／服部良一作曲／笠置シヅ子歌

東京ブギウギ リズムウキウキ
心ズキズキ　ワクワク
海を渡り響くは 東京ブギウギ
ブギの踊りは　世界の踊り
二人の夢の　あのうた
口笛吹こう 恋とブギのメロディ
燃ゆる心のうた 甘い恋の歌声に
君と踊ろよ 今宵も月の下で
東京ブギウギ リズムウキウキ
心ズキズキ　ワクワク
世紀のうた　心のうた
東京ブギウギ　ヘイー

さあさブギウギ たいこたたいて
派手に踊ろよ　歌およ
君も僕も 愉快な東京ブギウギ
ブギを踊れば　世界は一つ
同じリズムとメロディよ
手拍子取ってうたおうブギのメロディ
燃ゆる心のうた 甘い恋の歌声に
君と踊ろよ 今宵も星をあびて
東京ブギウギ リズムウキウキ
心ズキズキ　ワクワク
世界のうた　楽しいうた 東京ブギウギ
ブギウギ　陽気なうた 東京ブギウギ
ブギウギ　世紀のうた
歌え踊れよ　ブギウギ

映画にしろ歌謡曲にしろ歴史に残る芸能人は、俳優や歌手その人の能力を引き出す人物との出会いによることが少なくない。

笠置シヅ子の場合、それは服部良一であった。彼はこのときすでに西欧のリズムを取り入れた斬新なスタイル(「山寺の和尚さん」「一杯のコーヒーから」「夜のプラットフォーム」)で、特に淡谷のり子のブルースで異才を放っていた。

笠置は昭和13年(1938)帝国劇場で旗揚げした「松竹樂劇団」(SGD)に参加し服部良一と出会う。のち服部と組んでジャズ歌手として売り出すが、長い付け睫毛に派手な化粧と身振りが警察から睨まれ、丸の内の劇場への出演を禁じられる。

三年後にSGDが解散してからは、「笠置シズ子とその楽団」を結成して慰問活動などを行う。その一方、『弥次喜多大陸道中』に映画初出演し、坊屋三郎、益田喜頓らと共演する。

彼女は服部によってコロムビア専属に迎えられ、「ラッパと娘」「ホットチャイナ」などがリリースされる。激し

〔出来事〕

アメリカは中国の勢力拡大に対し、日本の健全な経済自立を促すことで、日本を反共の防壁とすべしと明言した。

かくて反戦のための占領政策は、経済復興(経済安定9原則)と共産主義勢力一掃の方向―自由主義陣営のアジアの防波堤へと旋回していく。

そのため企業をその原動力として温存し、賠償計画は軽減された。そして反共政策の一環として、公務員の争議権を奪い、共産党への圧力が遂行された。

庶民生活は、諸物価のいわゆる〈倍々式〉値上げに翻弄され、また日本脳炎が大流行した。

一方、時刻を1時間早めるサ

く踊り歌うシヅ子のステージは当局の目に留まるが、日中戦争から第二次世界大戦中は、自身の楽団を率いて巡業や慰問に活躍した。

服部は自伝『ぼくの音楽人生』の中で、シヅ子との出会いについて、

「いったん舞台に立つと三センチもある長いまつ毛の目はバッチリ輝き、オーケストラにぴったり乗って『オドウレ。踊ウれ』の掛け声を入れながら、激しく歌い踊る。その動きの派手さとスイング感は、他の少女歌劇出身の女の子たちとは別格の感で、なるほどと納得した」

と書いている。

服部は、昭和20年（1945）に開場した日劇でのショー「踊る漫画祭・浦島再び龍宮城へ行く」で笠置に「東京ブギウギ」を提供した。

以後、「大阪ブギウギ」「ホームラン・ブギ」「買物ブギ」など一連のブギものをヒットさせ、彼女は「ブギの女王」と呼ばれた。

このように笠置の一連のブギものは、服部の存在あってこそであり、それは淡谷の一連のブルースものとまったく軌を一にする現象である。

マータイムが、昭和26年9月まで実施された。

〔流行歌〕「異国の丘」竹山逸郎／「憧れのハワイ航路」岡晴夫

〔書籍〕「桜島」梅崎春生／「人間失格」太宰治／「ビルマの竪琴」竹山道雄

〔映画〕「酔いどれ天使」（黒澤明監督）／「美女と野獣」（仏）

〔世相〕鉄のカーテン／サマータイム

1月：帝銀事件　6月：太宰治、入水自殺　福井大地震　昭和電工疑獄　8月：東宝争議　11月：東京裁判で東条英機らに死刑判決

昭和23年

湯の町エレジー

野村俊夫作詞／古賀政男作曲／近江俊郎歌

伊豆の山々
月淡く
灯りにむせぶ
湯の煙
ああ　初恋の
君を尋ねて
今宵また
ギターつまびく
旅の鳥

風の便りに
聞く君は
出湯の町の
ひとの妻
ああ　相見ても
晴れて語れぬ
この思い
せめて届けよ
流し歌

淡い湯の香も
路地裏も
君住むゆえに
懐かしや
ああ　忘られぬ
夢を慕いて
散る涙
今宵ギターも
むせび泣く

近江俊郎は、歌手はもちろん作曲や映画だけでなく、テレビや歌番組の司会・審査員まで務めるなど、晩年に至るまで八面六臂の活躍をしたが、今日名をとどめているのは、ほとんど「山小舎の灯」と「湯の町エレジー」であるといってよいだろう。

近江は当初ポリドールの代表歌手であったが、昭和17年（１９４２）コロムビアの専属歌手になり、デビューから10年目の昭和21年（１９４６）に「悲しき竹笛」が大ヒット。これは古賀政男の推薦により奈良光枝とデュエットすることとなった。

さらに翌年、ポリドール時代に懇意にしていた米山正夫がシベリアから復員。「山小舎の灯」を持ち込み、この曲に感動した近江がＮＨＫのラジオ歌謡に採用させ、近江の代表曲の一つとなった。

この曲のヒットでコロムビアの専属となった米山の次作「南の薔薇」も近江が歌ってヒットし、歌手としての地位を確立する。

昭和23年（１９４８）、霧島昇のために作曲した「湯の町エレジー」を、古賀は近江にレコーディングさせた。こ

昭和歌謡歌碑めぐり

「リンゴの唄」

秋田県横手市増田町の真人公園に建っている。歌った並木路子が増田町名誉町民だった。

「湯の町エレジー」

東京都大田区池上の曹禅寺鈴木家墓所（作詞の野村俊夫の本名は鈴木喜八）にある。

れは1年で40万枚、最終的には100万枚近い大ヒットになる。

このヒットに続いて「湯の町物語」などシリーズものも発売され、近江は岡晴夫、田端義夫とともに戦後三羽烏と呼ばれ、スターダムにのし上がることとなった。

この歌は、思いを寄せながら添い遂げられなかった男が、いまは人妻となった彼女が住む出湯の町を訪ねて感慨に浸るという通俗的な内容である。

こうした内容の歌はワンパターンであるがゆえに、今日に至るまでさまざまに形を変えながら作り続けられているのだが、本歌はその源流ともいえるものである。

しかし、「湯の町エレジー」が同工異曲のなかにあって原型の様相を得ているのは、ひとえに近江の存在によるだろう。

二枚目としてもならした彼の風貌、心にしみ入る正統的な歌唱によって、この歌はメロドラマの一シーンを彷彿させる雰囲気を醸し出しており、それが繰り返し聴き継がれる一大要素をなしているように思われる。

昭和歌謡歌碑めぐり

「長崎の鐘」

長崎市平和町の天主公園の壁面にある。

「上海帰りのリル」

富山県下新川郡入善町の入善町中央公園水の小径にある。歌った津村謙が入善町の出身。

昭和24年　ドッジラインのもと人員整理・倒産続く

長崎の鐘

サトウハチロー作詞／古関裕而作曲／藤山一郎歌

こよなく晴れた　青空を
悲しと思う　せつなさよ
うねりの波の人の世に
はかなく生きる　野の花よ
なぐさめ　はげまし　長崎の
ああ　長崎の鐘が鳴る

召されて妻は　天国へ
別れてひとり　旅立ちぬ
かたみに残るロザリオの
鎖に白き　わが涙
なぐさめ　はげまし　長崎の
ああ　長崎の鐘が鳴る

こころの罪を　うちあけて
更け行く夜の　月すみぬ
貧しき家の柱にも
気高く白き　マリア様
なぐさめ　はげまし　長崎の
ああ　長崎の鐘が鳴る

昭和16年（1941）に太平洋戦争が開戦し、海軍の要請を受けて南方慰問団が結成されると藤山一郎はこれに参加した。

まもなく日本軍は南方で苦戦を強いられたが、藤山はそうした情報を正確に把握していなかったらしい。

終戦後、藤山は独立を宣言したインドネシア共和国の捕虜となり、各地の収容所を慰問して回った。

インドネシアとイギリスとの間に一時的な停戦協定が成立して、昭和21年（1946）7月、藤山は帰国の途につくことができた。

長崎医大教授の永井隆は長崎で原爆にあって妻を失い、自身は白血病で、焼け跡に建てられた如己堂で療養生活を送っていたが、病床で原爆体験を描き続けた。『この子を残して』がベストセラーになり、『長崎の鐘』は映画化され主題歌を藤山が歌うことになった。

永井隆を見舞った藤山の間には交流が生まれ、永井は藤山に短歌「新しき朝」を送った。藤山はこの短歌に曲をつけ、「長崎の鐘」を歌う際に続けてこの歌を歌うように

〔出来事〕この年、民主自由党による第三次吉田内閣が成立。アメリカからはドッジ公使が来日して超均衡予算を組み1ドル＝360円の単一為替ルートを設定。続いて来日したシャウプ税制使節団は、税制制度の改革を勧告した。このドッジ・ラインとシャウプ勧告によりインフレの進行は止まったが、逆に経済不況で中小企業の倒産が続き、失業者は増大した。

労働運動が燃え上がるなかで、下山事件、三鷹事件、松川事件が相次ぎ、これらは左派系活動家のしわざと宣伝された。

〔流行歌〕「トンコ節」久保幸江・楠木繁夫／「青い山脈」藤山一

なった。

　藤山は永井の死から半年後の昭和26年（1951）1月に行われた『第1回NHK紅白歌合戦』に白組のキャプテンとして出場、「長崎の鐘」を歌唱し大トリを務めた。

　このようにこの歌は、原爆で妻を失った永井隆の著書に想を得たものであるが、しかしサトウの詞に、上のエピソードそのものは二番だけに記されただけである。そして三番は「気高く白きマリア様」とクリスチャン（永井）らしい詞句である。

　つまり「こよなく～」で始まる一番だけが、永井の悲話とは切り離して味わうことのできる佳詞なのである。

　また、作曲した古関裕而になる「なぐさめ～」からの長調への転調も、それまでのマイナーな気分を変える効を奏している。

　以上のような詞・曲になる本歌を、明朗な声質の藤山が歌った三重奏によって、この歌は今に至るまで歌い継がれている。

　それは前述の悲話のエピソードにあえて引きずられることなく、独立した歌づくりの成し得たわざといえよう。

郎・奈良光枝／「銀座カンカン娘」高峰秀子
〔書籍〕「仮面の告白」三島由紀夫／「きけわだつみのこえ」
〔映画〕「青い山脈」（今井正監督）／「晩春」（小津安二郎 監督）／「戦火のかなた」（伊）
〔世相〕ヒロポン／筋金入り／駅弁大学／竹馬経済
4月：NATO成立　6月：ソ連からの引揚げ再開　7月：下山・三鷹事件　松川事件　8月：古橋広之進（「フジヤマのトビウオ」）世界新記録　シャウプ勧告 10月：中華人民共和国成立　11月：湯川秀樹、ノーベル賞受賞

東京キッド

藤浦 洸作詞／万城目正作曲／美空ひばり歌

歌も楽しや 東京キッド
いきでおしゃれで ほがらかで
右のポッケにゃ 夢がある
左のポッケにゃ チュウインガム
空を見たけりゃ ビルの屋根
もぐりたくなりゃ マンホール

歌も楽しや 東京キッド
泣くも笑うも のんびりと
金はひとつも なくっても
フランス香水 チョコレート
空を見たけりゃ ビルの屋根
もぐりたくなりゃ マンホール

歌も楽しや 東京キッド
腕も自慢で のど自慢
いつもスイング ジャズの歌
おどるおどりは ジタバーク
空を見たけりゃ ビルの屋根
もぐりたくなりゃ マンホール

昭和20年（1945）、3月に東京は大空襲にあい、翌月には横浜磯子の加藤家にも爆撃が襲い、ひばりは戦争の恐怖を目の当たりにした。

ひばりは13歳で、映画『東京キッド』に出演している。ここでのひばり扮する靴磨きの少女が明るく歌うそのバックは焦土と化した焼け跡であるし、その歌詞も「もぐりたくなりゃマンホール」とある。彼女が初めて立った舞台のアテネ劇場は、木造の芝居小屋であった。

焼け跡に立つ靴磨きの少女。にわかづくりの粗末な舞台で歌う少女——初期のひばりとはこのような風景のなかでこそ存在する。

戦後まもないこの頃は、戦火の焼け跡がまだあちこちに残る世相を反映した歌が数多く生まれている。例えば街角で見かける花売り娘の歌には岡晴夫、美空ひばりがあり、また靴磨きの歌には暁テル子、宮城まり子そして美空ひばりがある。

暁の「東京シューシャインボーイ」はどこまでも明るく、宮城の「ガード下の靴磨き」はどこまでも暗い。

ひばりの「東京キッド」の

〔出来事〕
6月、北朝鮮軍が38度線を突破して朝鮮戦争が勃発。（53年に板門店で休戦協定。）この戦争前後に、レッド・パージが始まる一方で、大幅な公職追放が行われた。
その後、警察予備隊が創設され、再軍備の道が踏み出された。
他方、日本経済は朝鮮特需・軍事特注で息を吹き返し、紡績・鉄鋼を中心に特需ブームが起こった。
労働界では、総評（日本労働組合総評議会）が結成された。
〔流行歌〕「夜来香」山口淑子／「水色のワルツ」二葉あき子／「桑港のチャイナタウン」渡辺はま子

歌は「歌も楽しや」で始まるように、暁のような明るいものである。

　しかし暁・宮城らには親が存在するのに比べ、ひばりの場合は「もぐりたくなりゃマンホール」とあるように、まったく孤児であるらしい。

　けれども彼女には「右のポッケにゃ夢がある」と、戦争の影を引きずるみじめさはまったくない。

　一方、昭和26年の「ひばりの花売り娘」はどうか。こちらも明暗はまさに対照的で、宮城の「ガード下」では「今日も売れない花束抱いて、今日もあの娘は泣いてゆく」と、やはり暗いのに対し、ひばりの方は「花を召しませランランラン」とやはりどこまでも明るい。

　これらの曲では、戦争の傷跡は一刻も早く払拭させようとの作詞家の思いが、ひばりに託されているとみてよいだろう。

　この歌たちは、当時の時代背景を如実に醸し出しているにもかかわらず、いま聴いてもいささかも古さを感じさせない。当時の世相を突き抜けたひばり歌謡の永遠性が見事である。

〔書籍〕「細雪」谷崎潤一郎／「チャタレイ夫人の恋人」D・H・ロレンス
〔映画〕「また逢う日まで」（今井正 監督）／「羅生門」（黒澤明 監督）／「自転車泥棒」（伊）／「白雪姫」（ディズニー長編漫画）
〔世相〕特需景気／金へん・糸へん／レッドパージ／アメション
4月：山本富士子、第1回ミス日本に入賞　6月：朝鮮戦争勃発　7月：金閣寺炎上、総評結成　8月：警察予備隊創設
11月：NHK、テレビ実験放送開始

上海帰りのリル

東条寿三郎作詞／渡久地政信作曲／津村 謙歌

船を見つめていた
ハマのキャバレーにいた
風の噂はリル
上海帰りのリル　リル
あまい切ない　思い出だけを
胸にたぐって　探して歩く
リル　リル　どこにいるのかリル
だれかリルを知らないか

黒いドレスを見た
泣いていたのを見た
戻れこの手にリル
上海帰りのリル　リル

夢の四馬路《すまろ》の　霧降る中で
なにもいわずに　別れたひとみ
リル　リル　一人さまようリル
だれかリルを知らないか

海を渡ってきた
ひとりぼっちできた
のぞみすてるなリル
上海帰りのリル　リル
くらい運命《さだめ》は　二人で分けて
共に暮そう　昔のままで
リル　リル　今日も逢えないリル
だれかリルを知らないか

富山県生まれの津村謙は、昭和18年（1943）テイチクからデビューし、しばらくヒットに恵まれなかったが、昭和26年（1951）に「上海帰りのリル」が大ヒットし、一躍大スターになる。

端正な風貌と、声楽家を思わせる美声で、「天鵞絨（びろーど）の歌声」のニックネームがあった。

その後は、「リルを探してくれないか」、「心のリルよなぜ遠い」、「紅椿の歌」、「東京の椿姫」、「待ちましょう」、「あなたと共に」（吉岡妙子とのデュエット）などの曲を歌った。

この曲のヒットに便乗して、他社からもリルと銘打った楽曲がいくつか発売されたが、これを超えるリルソングは生まれなかった。なお、リルとは「my little daring」の略であるという。

戦争の傷跡を残すこの時期には、諸方面でその処理が進められたが、帰国子女もその一つであった。

「上海帰りのリル」はその題名が示す通り、昭和初期に日中両軍が衝突した上海、そこで接した娘の行方を求める歌である。

〔出来事〕戦争の痛手からようやく立ち直ってきた日本は活気が戻り、さまざまな動きが出始める。すなわち、紅白歌合戦、民間放送、カラー（総天然色）映画、LPレコード等々である。大衆文化を彩るメディアも、その前後に次々と誕生した。政治情勢では、マッカーサー総司令官が解任され、「老兵は死なず。ただ消え去るのみ」の言葉を残して帰国。対日講和条約、日米安保条約の批准をめぐって社会党が分裂するなど、占領政策の転換に揺れ続けた一年となった。

〔流行歌〕「牧場の花嫁さん」高峰三枝子／「アルプスの牧場」

リルというのは、この歌の主人公が渡った任地先・上海での歓楽地で懇ろになった娘であろう。

彼はそのリルが忘れられないのだが、彼女は土地から土地へ渡り歩くいわば浮かれ女・遊び女であろうから、その動向をつかみにくいのも道理である。

この歌は戦後にまだ流動している空気を背に、こうしたもだし難い男の心中を余すことなく描いている。

この歌がいつまでも巷に流れていたのは、そうした時代にマッチした作品であったと同時に、歌った津村の歌いぶりにあろう。その声は聴き手の耳に忘れ難い響きを残す。

彼のヒット曲はほかに、「待ちましょう」「あなたとともに」があるくらいで多くはないが、後年歌った「帰郷」などは、そのビブラートに満ちた美声をふんだんに活かした佳曲であった。

昭和36年（1961）11月、自宅車庫の乗用車内で、津村は一酸化炭素中毒で昏睡状態になっているところを発見され病院に搬送されたが、意識が快復しないまま死去。わずか37歳であった。

灰田勝彦／「トンコ節」「ヤットン節」久保幸江

〔書籍〕「壁」安倍公房／「異邦人」カミュ

〔映画〕「カルメン故郷に帰る」（初カラー、木下恵介 監督）／「麦秋」（小津安二郎 監督）

〔世相〕老兵は死なず／日本人は十二歳／GIカット／パチンコ大流行

1月：紅白歌合戦開始　4月：国産LPレコード発売　9月：対日講和・日米安全保障条約調印、民間放送開局

昭和27年

米軍駐留下での条件つき独立

伊豆の佐太郎

西條八十作詞／上原げんと作曲／高田浩吉歌

故郷見たさに 戻ってくれば
春の伊豆路は 月おぼろ
墨絵ぼかしの 天城を越えて
どこへ帰るか どこへ帰るか
夫婦雁

瞼とじれば 堅気になれと
泣いてすがった 洗髪
幼馴染も あの黒潮も
一度ながれりゃ 一度ながれりゃ
帰りゃせぬ

逢って行こうか
逢わずに行こうか
伊豆の佐太郎 忍び笠
どうせ明日は またながれ旅
はいた草鞋《わらじ》に はいた草鞋に
散る椿

高田浩吉は大正15年（1926）松竹映画に入社。長谷川一夫、坂東好太郎とともに「松竹下加茂三羽烏」と謳われた。

トーキー映画時代に入ると、その美声を大曾根辰夫監督に買われて、昭和10年（1935）に「大江戸出世小唄」でポリドール・レコードから歌手デビュー。「歌う映画スター」第1号として映画、主題歌共に評判になった。

日中事変を契機にレコード業界は戦時歌謡全盛時代に入り、高田自身も戦地に召集される。除隊されるも映画製作が激減したことから、戦後まで地方巡業を行った。

高田が映画スターとして再び活躍するのは、昭和26年（1951）に美空ひばりが主演を務めた斎藤寅次郎監督『とんぼ返り道中』で復帰してからである。

当初は脇役だったが人気に火がつき、その反響の大きさからコロムビア・レコードは高田と専属契約を結び、昭和28年（1953）「伊豆の佐太郎」でレコード界に再び登場。

映画においても翌年に始まった『伝七捕物帖』シリー

〔出来事〕

講和条約の発効にともない、吉田内閣は警察予備隊を保安隊に改組した。

また、占領軍が撤退したのちの治安確保を名目に破壊活動防止法が制定されると、革新政党や労働組合は反発。独立回復後初のメーデーは、デモ隊と警官隊が衝突し血のメーデーとなった。

スポーツ界では、ヘルシンキ・オリンピック大会に日本は16年ぶりに参加。ボクシング世界フライ級では、白井義男が世界選手権を獲得した。

ラジオ放送では「君の名は」が始まり、その時間〝銭湯の女湯は空っぽ〟と言われた。

ズで松竹随一の時代劇スターとして再び人気を博し、この頃すでに高田は44歳であったため「奇跡のカムバック」とさえ言われた。

高田浩吉は、弟子の鶴田浩二と並び称せられる存在である。それは両者とも美男俳優でならし、また歌もうまく抜群の人気をさらっていたからである。

けれども鶴田が時代劇、現代劇双方の演技をこなしたのに対し、高田は映画も歌もマゲもの一本であった。

従って鶴田の歌がいまも生き続ける存在であるのに対し、高田のヒットは日本調に限られているため、往年のレパートリーとなったのはやむをえないといえよう。

しかし高田の美声は小唄のレッスンで鍛えたものであり、またその美貌は常に体調のコンディションを保ち、厳しい節制を強いた賜物であった。

戦後復帰して再び人気に火がつき、ヒットしたのが「伊豆の佐太郎」であった。このあとみるべきは「折鶴三度笠」くらいであるが、彼の歌は、戦後の股旅ものの頂点をなすものといえよう。

〔流行歌〕「芸者ワルツ」神楽坂はん子／「テネシー・ワルツ」江利チエミ
〔漫画〕「鉄腕アトム」
〔書籍〕「三等重役」源氏鶏太／「真空地帯」野間宏／「二十四の瞳」壺井栄
〔映画〕「羅生門」、「生きる」（黒澤明監督）／「第三の男」（米）
〔世相〕真知子巻き／ストレプトマイシン／「みてみてみ」（ダイマル・ラケット）
1月：李承晩ライン　2月：東大ポポロ事件　4月：ラジオ「君の名は」放送開始　5月：血のメーデー　7月：ヘルシンキ・オリンピックで日本復帰

昭和28年　安保体制の強化進む

街のサンドイッチマン

宮川哲夫作詞／吉田正作曲／鶴田浩二歌

ロイド眼鏡に　燕尾服
泣いたら燕が　笑うだろう
涙出た時ゃ　空を見る
サンドイッチマン
サンドイッチマン
俺らは街の　お道化者《どけもの》
呆《とぼ》け笑顔で　今日もゆく

嘆きは誰でも　知っている
この世は悲哀の　海だもの
泣いちゃいけない　男だよ
サンドイッチマン
サンドイッチマン
俺らは街の　お道化者
今日もプラカード　抱いてゆく

あかるい舗道に　肩を振り
笑ってゆこうよ　影法師
夢をなくすりゃ　それまでよ
サンドイッチマン
サンドイッチマン
俺らは街の　お道化者
胸にそよ風　抱いてゆく

鶴田浩二は戦後派の俳優として登場し、甘さと翳りを兼ね備えた抜群の風貌で一躍トップスターに躍り出た。

初期はその甘い表情で人気を博したが、中年期からは任侠映画や戦争物でみせた渋い魅力で、日本映画を代表する大スターとして長らく君臨した。

また、独特の哀愁を帯びた声と歌唱法により、歌手としても人気が高かった。

鶴田は映画では昭和24年（1949）に初主演後、佐田啓二、高橋貞二と共に松竹「青春三羽烏」と謳われヒットを連発した。1950年代に入っても甘い美貌と虚無の匂いを漂わせスター街道を上り続けた。また第二東映では『人生劇場 飛車角』により、任侠映画のスターとしても押し上げられた。

歌手としては昭和27年（1952）に「男の夜曲」でデビュー後、ヒットを飛ばしていく。

鶴田浩二は歌も歌える美男俳優として、高田浩吉と並び称せられる存在である。しかし高田の明朗な歌いぶりに対し、鶴田のそれは暗く哀愁を帯びているように対照的であ

〔出来事〕

長期政権の続く吉田内閣への批判からの解散(バカヤロー解散)を受けて、分党派自由党（のち日本自由党）が結成された。ソ連では水爆実験が成功し、アメリカは日本に再軍備をはかるべく池田＝ロバートソン会談を行い、自衛力の増強、愛国心の育成を促した。また石川県内灘村で軍事演習も強化された。街では店頭テレビに人気が殺到し、伊東絹子のミス・ユニバース入選が話題を集めた。

〔流行歌〕「毒消しゃいらんかね」宮城まり子／「雪の降るまちを」高英男／「落葉しぐれ」三浦洸一／「君の名は」織井茂子

る。

映画の彼は典型的な二枚目であるが、歌では「好きだった」「東京詩集」など、みな切々とした曲調が多い。そうした彼の特性を最もよく表しているのがこの歌である。

サンドイッチマンとかチンドン屋とかいう職業は、存在自体がおかしみと哀しさが表裏一体となったものだが、この曲はサンドイッチマンという（おそらく）意にそわぬ衣装をつけたその男の湧き出る感情を、余すことなく歌って独特の感動を呼ぶのである。

彼は、昭和45年（1970）に「傷だらけの人生」が大ヒット。左手を耳に添えて歌う独特のスタイルはよく知られている。

前述したように鶴田の芸歴は、前期は映画では二枚目スターで人気を博し、後期は任侠路線で活躍した。また歌手としては、前期は切ない曲調であったが、後期は「傷だらけ〜」のような中年の哀感を歌った。

このように映画、歌手両面で、青年から中年へとみごとに転換させた幅広い芸歴を誇ったスターはめったにないだろう。

〔書籍〕〝第三の新人〟登場／「徳川家康」山岡荘八／「第二の性」ボーヴォワール
〔映画〕「ひめゆりの塔」（今井正 監督）／「雨月物語」（溝口健二 監督）／「禁じられた遊び」（仏）／「雨に歌えば」（米）
〔世相〕八頭身／街頭テレビ／アカ電／電化元年／「サイザンス」（トニー谷）
2月：NHKテレビ本放送開始　3月：ソ連首相スターリン没〝バカヤロー〟解散　7月：伊東絹子、ミスユニバース入賞　朝鮮休戦協定調印　8月：ソ連、水爆実験　12月：スーパーマーケット開店　シネマスコープ登場

昭和29年

原水爆禁止運動の高揚

高原列車は行く

丘灯至夫作詞／古関裕而作曲／岡本敦郎歌

汽車の窓から
ハンケチ振れば
牧場の乙女が
花束なげる
明るい青空
白樺林《しらかばばやし》
山越え谷越え
はるばると
ララララ
ララララララララ
高原列車は
ラララララ　行くよ

みどりの谷間に
山百合ゆれて
歌声ひびくよ
観光バスよ
君らの泊りも
温泉《いでゆ》の宿か
山越え谷越え
はるばると
ララララ
ララララララララ
高原列車は
ラララララ　行くよ

峠を越えれば
夢みるような
五色《ごしき》のみずうみ
とび交う小鳥
汽笛も二人の
幸せうたう
山越え谷越え
はるばると
ララララ
ララララララララ
高原列車は
ラララララ　行くよ

歌謡曲というものはその多くは短調が主流なので、いきおいその曲調は暗く哀しいものが圧倒的である。そのため明るく軽快なものは貴重であるが、歌謡史をたどってみると、軽快な歌で長くヒットを続けている歌手は少ない。

そんななかで光を放っているのは藤山一郎であり、次に岡本敦郎であろう。

岡本敦郎は、昭和21年（1946）にラジオ歌謡の「朝はどこから」（森まさる・詞、橋本国彦・曲）でデビューした。

朝はどこから来るかしら
あの空越えて雲越えて
光の国から来るかしら

いえいえそうでは
ありませぬ
それは希望の家庭から
朝が来る来る朝が来る
「お早よう」
「お早よう」

この歌は明るい曲調から、広く親しまれ愛唱された。

マイナーな歌謡群のなかで、彼は長きにわたり正統派の存在を保ち続けてきたことは驚異的である。それは、抜

〔出来事〕国会は、海運業から政党への贈収賄をめぐる造船疑獄事件に揺れたが、時の犬養法相が指揮権を発動して幹部の逮捕を不承認とした。一方、日米相互防衛援助協定（ＭＳＡ）が調印され、防衛庁の設置、自衛隊の発足が矢継ぎ早に進められた。3月、アメリカは北太平洋のビキニで水爆実験を行い、日本の漁船「第五福竜丸」が被ばくしたのを機に、原水爆反対運動が高まった。9月には、青函連絡船「洞爺丸」が遭難した。
〔流行歌〕「真室川ブギ」林伊佐緒／「青いカナリヤ」雪村いづみ／「お富さん」春日八郎／「岸壁の母」菊池章子

群の伸びのある美声と武蔵野音楽学校(現武蔵野音楽大学)で鍛えた正統派の歌唱によることが大きいといえよう。

それはもとよりだが、同時にラジオ歌謡という分野のなかで「白い花の咲く頃」「あこがれの郵便馬車」「ピレネエの山の男」「自転車旅行」等々の佳曲を提供されたことが決定的であった。

このように多くのラジオ歌謡を吹き込んだことから、岡村は「ミスターラジオ歌謡」の異名さえ有した。

彼の明るく健康的な歌声は、場末のうら悲しい旋律にまみれた流行歌になかなかついていけぬ客層に熱く迎えられた。岡本の歌には、あふれる清涼感と共に胸はずませるリズム感があり、「高原列車は行く」はそれらが一体となった傑作であった。

岡本はまた音楽教師としても活躍し、昭和55年(1980)から日本歌手協会の理事長を務めた。

80歳を超えてもなお、NHKの『思い出のメロディー』やテレビ東京の懐メロ番組へ出演したが、平成24年(2012)に88歳でその生涯を閉じた。

〔映画〕「地獄門」(衣笠貞之助監督、カンヌ映画祭グランプリ)/「山椒太夫」(溝口健二監督、ベニス映画祭銀獅子賞)/「七人の侍」(黒澤 明監督)/「二十四の瞳」(木下恵介監督)/「ゴジラ」(円谷英二監督)/「ローマの休日」(米)

〔書籍〕「潮騒」三島由紀夫/「松川裁判」広津和郎

〔世相〕三種の神器/空手チョップ/原爆許すまじ

2月:二重橋事件、マリリン・モンロー来日　3月:「第五福竜丸」被爆　4月:造船疑獄事件　6月:近江絹糸争議、自衛隊発足　9月:SEATO創設、青函連絡船「洞爺丸」遭難

昭和30年 家庭電化時代始まる

喫茶店の片隅で

矢野亮作詞／中野忠晴作曲／松島詩子歌

アカシア並木の 黄昏は
淡い灯がつく 喫茶店
いつもあなたと 逢った日の
小さな赤い 椅子二つ
モカの香りが にじんでた

ふたりだまって 向き合って
聞いたショパンの ノクターン
洩れるピアノの 音につれて
つんではくずし またつんだ
夢はいずこに 消えたやら

遠いあの日が 忘られず
ひとり来てみた 喫茶店
散った窓辺の 紅バラが
はるかに過ぎた 想い出を
胸にしみじみ 呼ぶ今宵

歌謡曲に接して多く嘆かれるのは、どれをとっても裏町で流れるようなうっとうしい曲調にやりきれないという声である。

基調がマイナーであるからこれはむりもないといえるが、それでも少しはフランスのシャンソンのような潤いのあるものがほしいという願いはたえない。

そうした渇望に応え得る数少ない歌手は松島詩子であろう。

山口県生まれの彼女は広島で音楽教員をしていたが、夫の内海一郎（戦前、浅草オペラで活躍）同様、歌手になりたいとの思いやみがたく27歳で上京する。

彼女は作曲家の佐々木すぐるの勧めで、コロムビアより柳井はるみという名前でデビュー。

その後、テイチク、リーガル、パーロフォンなどでも吹き込みを行うが、昭和10年（1935）キングに移籍した。ここで、かの山田耕筰の命名により松島詩子(うたこ)の芸名となる。

昭和12年（1937）、自身の弾き語りによる「マロニエの木陰」を発表。これは、

〔出来事〕
戦後10年を経て経済水準が落ち着き「神武景気」といわれるなか、家庭電化時代に入ってきた。政局では、社会党が左右両派の統一をはたし、保守も合同して自由民主党を結成。ここに二大政党が実現し、また創価学会が政界に進出してきた。労働界では、春闘が始まった。

軍事基地では、立川基地をめぐる砂川闘争が激化。また「死の灰」被ばくを契機に、原水爆禁止世界大会が開かれた。

〔流行歌〕「この世の花」島倉千代子／「おんな船頭唄」三橋美智也／「高原の宿」林伊佐緒／「月がとっても青いから」菅原都々子／「ガード下の靴みがき」

題名どおりフランスのかおり漂う、歌謡曲としては異色のヒットとなった。

そして昭和30年（1955）林伊佐緒の歌ったレコード「高原の宿」の裏面に、この「喫茶店の片隅で」が収録された。（私事になるが、筆者はこれを知らずに「高原の宿」を求めたのだが、その後B面の方を、ずっと愛聴していた。）

ピアノの連弾による開始から、聴き手はすでにこの世界に惹き込まれてしまうだろう。

「ふたり黙って向き合って」聴くのはポピュラーでなく「ショパンのノクターン（夜想曲）」である。「遠いあの日が忘れられずひとり来てみた喫茶店」。そして次の「散った窓辺の紅バラが」で曲は一段と高まり、ここにきて松島のまろやかな高音が一段と盛り上がる。

全篇これだけ上品で雰囲気豊かに満ちた曲は、歌謡曲多しといえどもまず稀有であろう。

松島の貴重な存在は紅白歌合戦でも迎えられ、昭和26年（1951）の第1回から出場、以後、第10回まで連続出場している。

宮城まり子／「別れの一本杉」春日八郎

〔映画〕「エデンの東」（米）

〔書籍〕「太陽の季節」石原慎太郎

〔世相〕神武景気／電気釜／ボディビル／ノイローゼ

1月：トヨタ、トヨペットクラウン発表　中ソ国交回復　4月：バンドン会議　ラジオ東京、テレビ開局　クレージーキャッツ結成　5月：砂川闘争　8月：第1回原水禁大会　ソニー、トランジスタラジオ発売　森永ヒ素ミルク事件　10月：社会党統一大会　11月：自由民主党結成

昭和31年　日ソ国交回復、好況続く

哀愁列車

横井弘作詞／鎌多俊与作曲／三橋美智也歌

惚《ほ》れて　惚れて
惚れていながら
行くおれに
旅をせかせる
ベルの音
つらいホームに
来は来たが
未練心に
つまずいて
落とす涙の
哀愁列車

燃えて　燃えて
燃えて過ごした
湯の宿に
うしろ髪ひく
灯がひとつ
今宵逢瀬《おうせ》を
待ちわびる
君の幸せ
祈りつつ
旅にのがれる
哀愁列車

泣いて　泣いて
泣いているのを
知らぬげに
窓は二人を
遠くする
堪《こら》えきれずに
見返れば
すがるせつない
瞳《め》のような
星がとぶとぶ
哀愁列車

三橋歌謡のほとんどは、地方ものと都会ものに大別される。これは当時の時代背景と社会状況が、如実に表れたものといえる。

すなわち昭和30年代は、来るべき高度成長期を担う〝金の卵〟といわれた東北の少年たちが、集団列車に乗って大挙上京した。

現在よりはるかに時間を要する、遠く離れた異郷に身を置く彼らは、故郷の両親兄弟・恋人を偲ぶ。しかし、将来いつか大成する夢を抱くことで辛い労働に耐えていく。

こうした状況を最も直截に表現した分野は歌謡曲であった。そこに描かれる情景は、地方・都会のそれぞれであり、両域間の往復によって生じるドラマが歌謡曲に描かれる内容であった。そして三橋歌謡の世界は、それを端的に展開した。

三橋歌謡をつないでいくと、見事に一篇のドラマが形成される。それは取り上げられた人物たちの動きにより、目に見えるようにドラマ化され得る。

後ろ髪を引かれながら故郷を離れていく者は、恋人との離別に悲しみ、折にふれてそ

〔出来事〕
「もはや戦後ではない」(『経済白書』)といわれたこの年になると、日本の大衆文化は爛熟期を呈してきた。
続出する週刊誌には、爆発的な人気をさらった石原裕次郎や、ロックの王者プレスリーに酔いしれる若者の姿が映し出され、プロレス放映に群がる街頭テレビの隆盛は「一億総白痴化」と識者を慨嘆させた。
自民党内閣の鳩山首相は日ソ国交回復を実現し、国連への加盟が認められた。
〔流行歌〕「若いお巡さん」曽根史郎/「東京の人よさようなら」島倉千代子/「東京の人」三浦洸一/「リンゴ村から」三橋美

れを偲び、残された者はたえず恋い慕う。

しかし都会に出たものの若者の夢は果たされず、愚痴るばかりとなる。そして彼は、故郷への想いやみ難く、ついに都会を離れていくのである。

こうした内容を表した歌はいくつも作られたが、「哀愁列車」はその代表である。

この曲は当時の歌謡ベストテンで、記録的にトップを独走し続けた。

その成功の第一は「ほれて～　ほれて～」と始まる聴き手の意表をつく横井弘の歌詞づくりにある。

またその曲を余人の及ばぬ高音により、民謡で鍛えた三橋のノドで活かしきったことにあろう。

さらにこの曲の後半の歌詞をみると、これはまごうことなく失恋の歌である。これは同じ三橋が歌った翌年の「おさらば東京」につながるものである。

三橋の代表曲が「リンゴ村から」と250万枚も売れたこの曲であることは、地方ものと都会ものと両者をものした彼の特色をよく表しているといえよう。

智也／「ここに幸あり」大津美子／「哀愁の街に霧が降る」山田真二／「愛ちゃんはお嫁に」鈴木三重子／「早く帰ってコ」青木光一／「ケ・セラ・セラ」ペギー葉山
〔映画〕「ビルマの竪琴」（市川昆監督）／「理由なき反抗」（米）
〔書籍〕「楢山節考」深沢七郎／「人間の条件」五味川純平
〔世相〕太陽族／一億総白痴化／「もはや戦後ではない」
2月：週刊誌ブーム　5月：水俣病公認　日本登山隊、ヒマラヤ・マナスルに初登頂　石原裕次郎デビュー　売春防止法公布
10月：ハンガリー事件　12月：日本、国連加盟　NHK、カラーテレビ開局

東京午前三時

佐伯孝夫作詞／吉田正作曲／フランク永井歌

真っ紅なドレスが
よく似合う
あの娘想うて
むせぶのか
ナイト・クラブの
青い灯に
甘くやさしい
サキソフォン
ああ　東京の
夜の名残りの
午前三時よ

可愛い顔して
街角の
白い夜霧に
濡れながら
待っていそうな
気もするが
あの娘気ままな
流れ星
ああ　東京の
恋の名残りの
午前三時よ

おもかげまぶたに
裏路へ
出れば冷たい
アスファルト
似た娘乗せゆく
キャデラック
テイル・ランプが
ただ赤い
ああ　東京の
夜の名残りの
午前三時よ

フランク永井は上京後、米軍のクラブ歌手をしながら〝のど自慢荒らし〟の異名をとり、昭和30年（1955）にビクターと契約した。

しかし得意としたジャズではヒットに恵まれなかった。そこで吉田正との出会いを機に、歌謡曲に転向する。

昭和32年（1957）、そごうデパートのキャンペーンソング「有楽町で逢いましょう」が空前のヒットとなり、フランクは一躍トップスターに上りつめた。

また昭和30年代は低音ブームで、彼はその代表歌手でもあった。

これに応じて既発売の曲も相乗ヒットとなるが、その一曲がこの「東京午前三時」であった。都会派歌謡の代表として三浦洸一と並ぶフランク永井が、この曲を引っさげて登場したときはまことに新鮮だった。

この曲の「真っ紅なドレスがよく似合う～」という出だしは、これより前、林伊佐緒の「ダンスパーティーの夜」の始まり「赤いドレスがよく似合う～」と酷似している。

しかし、共に身体を寄せ合うその曲とは決定的に異な

〔出来事〕
政権を担った岸信介首相は、日米安保条約の改定を最大の課題とした。米ソで宇宙戦争が始まり、ソ連で人工衛星打ち上げが成功した。
国内では、受信契約数が50万を突破したテレビ、FM放送を開始したNHK、そしてカラーテレビの開局などマスメディアが花開いた。しかし新たに「なべ底不況」が始まっていた。
〔流行歌〕「俺は待ってるぜ」「錆びたナイフ」石原裕次郎／「お月さん今晩は」藤島桓夫／「東京だよおっ母さん」島倉千代子／「バナナ・ボート」浜村美智子／「チャンチキおけさ」三波春夫／「踊子」三浦洸一／「喜

る。思っても手が届かず「面影まぶたに」たどるしかない男の切なさが、真夜中のナイトクラブで綿々と続けられるからである。

さらに佐伯の詞をみると、「真っ紅なドレス」は赤、「ナイトクラブの青い灯に」は青、「白い夜霧に」は白と、夜の光景が色彩で描き分けられて浮かび上がる。

そして「冷たいアスファルト」「似た娘乗せゆくキャデラック」、ただ赤く灯るだけのテイルランプと、これまた次々と都会的なツールを繰り出す詞が卓抜だ。

吉田の冴え切った曲調、そしてソフトな低音で甘く切なく歌い上げるフランク永井の声質と言葉がからみあって、この名曲が成立したのである。この都会調路線はその後も「夜霧の第二国道」「羽田発7時50分」「西銀座駅前」と続いた。

フランク永井の歌唱は、ジャズで鍛えたフィーリングによる豊麗でふくよかな響きが抜群であった。

彼は歌謡界には珍しい非・演歌系の大御所として存在し続けた。それだけに早逝したのはまことに惜しまれる。

びも悲しみも幾年月」若山彰／「東京のバスガール」C・ローズ／「有楽町で逢いましょう」フランク永井

〔映画〕「幕末太陽伝」（川島雄三監督）／「道」（伊）

〔書籍〕「美徳のよろめき」三島由紀夫／「死者の奢り」大江健三郎

〔世相〕なべ底不況／ストレス／ホッピング／決定的瞬間

1月：ジラード事件　2月：岸信介内閣成立　3月：ダークダックス結成　7月：立川基地拡張・砂川強制測量　10月：ソ連、人工衛星・スプートニク1号打上げ成功　12月：NHK、FM放送開始

銀座の蝶

横井 弘作詞／桜田誠一作曲／大津美子歌

ほこりまみれの　巷の夕陽
ビルにかくれりゃ　灯が点る
昨日みた夢に　すがって泣いちゃ
生きては行けない　銀座だよ
弱音吐いちゃ駄目さ　にっこりと
夜の蝶々は　あゝ　飛ぶんだよ

いつか誰かに　死ぬほど惚れた
それも今では　語り草
いくら追ったとて　幸せなんぞ
やっぱり私にゃ　遠い虹
なまじ呼ぶじゃないよ　馬鹿なこと
せめてお酒が　あゝ　恋人さ

つくりものでも　花咲く銀座
ここが小さな　故郷《ふるさと》さ
たとえ柔肌に　冷たい雨が
沁みよと叩こと　運命《さだめ》だよ
今日は明日を忘れ　口笛で
夜の蝶々は　あゝ　飛ぶんだよ

大津美子は高校時代に渡久地政信に弟子入りしてレッスンを受け、17歳でキングレコードからデビューしてまもなく「東京アンナ」がヒットした。しかしその最中に渡久地がビクターに移籍してしまい、以後、新たに紹介された飯田三郎の薫陶を受ける。

こうして翌年に生まれた「ここに幸あり」は、空前のヒットとなった。この歌を売り出すため、彼女の努力はたいへんなものであった。その甲斐あって、これは結婚式の定番となるほど、彼女の代名詞的な曲となった。しかし大津が真に力を発揮し出したのは、これ以降である。

ここで彼女の代表曲を主題別に分けてみよう。

都会もの—「東京アンナ」、「東京は恋人」、「銀座の蝶」であり、純愛もの—「ここに幸あり」、「命の限り」、「純愛の砂」となる。

都会ものの3曲は、いずれも都会育ちらしい彼女の持ち味が発揮されたものといえる。

「東京は恋人」は、その溌剌とした曲調が大いに受けて、大津の一方の定番となった。また「東京アンナ」に連なる

〔出来事〕
日本経済は、技術革新と大型設備投資による産業全体の重化学工業化、豊富な労働力と企業の管理強化、エネルギー資源の石炭から石油への転換などにより、奇跡的な経済成長率を遂げる。

一方で、大衆運動の盛上りを警戒した政府は、警職法の改定を強行する。だが世間は、新幹線の運転開始、東京タワーの完成、そして皇太子と正田美智子の婚約にわいた。

〔流行歌〕「夕焼けとんび」三橋美智也／「だから言ったじゃないの」松山恵子／「嵐を呼ぶ男」石原裕次郎／「星はなんでも知っている」平尾昌章

曲想のものが「銀座の蝶」といえる。

　これらを経ての「白い桟橋」は、前記の体験を経て到達した境地をおおらかに歌い上げたものである。

　このような高みに達したものは、音楽界が到達した最高水準を示すものであり、マイナーなイメージを持つ歌謡曲一般とは一線を画するものである。それは、豊麗な歌唱力を有する大津にして初めてなし得たものといえよう。

　さて「銀座の蝶」であるが、これは夜の世界をテーマにしたため、足を踏み入れたことのない銀座のホステスに、大津は直接会って知識を深めたという。

　夜の蝶を描いたものは、歌にしろ映画にしろ少なくない。それは酔客にいかに取り入るかという、女性の丁々発止のドラマで、近世以来、事欠かないが、この曲は盛りを過ぎた女性の、もはや往年の地位を求むべくもない悲哀を歌い上げたところに特色がある。

　人生の終焉をこのように諦念をもって記した横井の詞を、若い大津は感動を呼ぶまでに歌い上げている。

〔映画〕「楢山節考」（木下恵介監督）／「灰とダイヤモンド」（ポーランド）
〔書籍〕「笛吹川」深沢七郎／「ゼロの焦点」松本清張
〔世相〕ロカビリー旋風／月光仮面／インスタントラーメン／フラフープ
8月：国産ステレオレコード発売　10月：日教組 勤評闘争
11月：新幹線運転開始　警職法改悪反対闘争　皇太子明仁と正田美智子の婚約発表　12月：1万円札発行　東京タワー完成

おーい中村君

矢野亮作詞／中野忠晴作曲／若原一郎歌

おーい　中村君
ちょいと　まちたまえ
いかに新婚
ほやほやだとて
伝書鳩でも
あるまいものを
昔なじみの
二人じゃないか
たまにゃつきあえ
いゝじゃないか
中村君

おーい　中村君
そりゃ　つれなかろう
入社当時は
いつでも一緒
くぐりなれてた
横丁ののれん
可愛いえくぼの
看板娘
噂してるぜ
いゝじゃないか
中村君

おーい　中村君
心配するな
どうせなれてる
貧乏くじにゃ
みんなこっちが
悪者ですと
詫《わび》の言葉は
まかせておきな
おくってゆくから
いゝじゃないか
中村君

若原一郎には、美声と声量、歯切れ良さがあり、デビュー当時から定評があったもののヒットが出ず、長い下積み時代が続いた。

しかし「吹けば飛ぶよな」がヒットすると一躍名が知られるようになり、「風の吹きよで」でＮＨＫ紅白歌合戦に初出場。その後出た「おーい中村君」は、50万枚以上を売り上げる大ヒットとなった。

若原といえば「おーい中村君」が直ちに連想されるが、彼のレパートリーは、抒情歌からコミカルなものまで大層幅広い。

前者には「山陰の道」「丘にのぼりて」「少女」がある。後者は「吹けば飛ぶよな」に始まり、「ハンドル人生」「風の吹きよで」を経て「中村君」に終わる系列である。

若原の歌は、伸びのある美声に加わっての豊かな声量、加えて歯切れの良さが身上である。

先に述べた後者の諸曲は、いずれもその持ち味を十二分に発揮したがゆえに愛されてきたといえよう。後者に属する「山へ行こうよ」などは、とかく歌謡曲につきまとうジメジメしたイメージを払拭し

昭和歌謡歌碑めぐり

「高原列車は行く」

福島県猪苗代町のJR磐越西線川桁駅前に建っている。歌のモデルの沼尻軽便鉄道のあと。

「哀愁列車」

北海道新函館北斗駅南口広場にある三橋美智也誕生の地記念碑。中に曲名が刻まれている。

た、まさに青春歌謡と呼ぶにふさわしい爽やかなものであった。このように若原は、叙情性と陽気さとの両面を併せ持つ歌手だった。

しかし彼の名は「おーい中村君」によって歌謡史に残るであろう。この歌は、若いサラリーマンが仕事後に一杯やろうというごくありふれた日常をユーモラスに扱ったものである。

だがなんといっても、「中村」という固有名詞を大胆に用いた矢野亮の歌詞が成功の起因である。

彼は昭和30年代以降は低迷するものの、昭和40年代の懐メロブームで再び脚光を浴び、昭和40年代後半は懐メロ番組の出演に加え、コメディ、バラエティへも進出し、タレントとしての人気も得た。

端正な顔立ちで自他共に認める万年青年であった若原だが、昭和60年（1985）頃から体調を崩し、63年からは事実上活動を休止。平成2年（1990）に肝臓癌のため58歳で死去した。

抒情歌、コミカルの両面をさらに活かせぬまま早逝したのは惜しまれることであった。

昭和歌謡歌碑めぐり

「上を向いて歩こう」

神奈川県川崎市の川崎駅東口前にある。坂本九が川崎出身。ほかに疎開先の笠間市にもある。

「高校三年生」

東京都世田谷区の私市立松蔭学園にある。作詞の丘灯至夫が文化祭の取材に訪れた縁による。

昭和33年

からたち日記

西沢爽作詞／遠藤 実作曲／島倉千代子歌

こころで好きと叫んでも
口ではいえず　ただあの人と
小さな傘をかたむけた
ああ　あの日は雨　雨の
小径《こみち》に白い仄《ほの》かな
からたち　からたち
からたちの花

くちづけすらの想い出も
のこしてくれず　去りゆく影よ
単衣《ひとえ》の袖をかみしめた
ああ　あの夜は霧　霧の
小径に泣いて散る散る
からたち　からたち
からたちの花

からたちの実が実っても
別れた人は　もう帰らない
乙女の胸の奥ふかく
ああ　過ぎゆく風　風の
小径にいまは遥かな
からたち　からたち
からたちの花

島倉千代子はまず童謡歌手として出発し、15歳で日本音楽高等学校に入学しているように、歌のレッスンは本格的に受けている。そして翌年早くもコロンビア歌謡コンクールで優勝し、直ちに契約を結ぶというように順調なスタートであった。

そして昭和30年(1955)17歳で出した「この世の花」が大ヒット。そのまま女性歌手の王座に君臨する。

それから「りんどう峠」、「東京の人さようなら」、「逢いたいなァあの人に」「東京だよおっ母さん」、「思い出さん今日は」そして「からたち日記」「哀愁のからまつ林」などなど、年2本のペースで確実にヒットを出し続け、まさにひばりと並ぶ人気歌手として存在した。

島倉の特色は、哀調を帯びた高音に独特の魅力を放つ。同じ高音でも、ひばりのそれがうなるような低音と表裏して発声するのに比べ、彼女の声は高音ひとすじに進んでいる。

ひばりの歌いぶりは対照の妙があるのに、島倉はどこまでも可憐な高音で押し通す。そこに、心に迫るものを生み

昭和歌謡歌碑めぐり

「あゝ上野駅」

東京都台東区のJR上野駅広小路口前に建っている。

「神田川」

東京都中野区中央の神田川にかかる末広橋のたもとに建っている。JR中野駅から徒歩13分。

出しているといえる。
　同時に彼女の歌の成功要因は、その作詞陣（西條八十、石本美由起ら）にあろう。これらの歌詞そのものが「泣き節の島倉」を高めたし、とりわけ西沢爽の「からたち日記」はそれにセリフを入れたことによって島倉の座を決定づけたのであった。

こころで好きと叫んでも
口ではいえず
ただあの人と
小さな傘をかたむけた
くちづけすらの想い出も
のこしてくれず
去りゆく影よ

　こうした控えめそのものの女性のすがたは島倉のイメージにぴったりであるが、西沢の歌詞そのものは平凡といっていい。
　ところがこれにセリフを入れたことによって、その効果は倍増し、「からたち日記」は前期の彼女の代表曲となったのであった。
　以降島倉は、周知のように多難な出来事に遭遇するが、この歌はまだ夢多き青春期の所産にほかならなかった。

昭和歌謡歌碑めぐり

「津軽海峡・冬景色」

青森県東津軽郡外ヶ浜町の津軽海峡を見下す高台にある。ボタンを押すと歌が流れる。

「舟唄」

広島県福山市鞆町にある。鞆鉄道バス安国寺下で下車。なぜ鞆町にあるのか定かでない。

昭和34年
ミッチーブームのなか安保改定交渉

お別れ公衆電話

藤間哲郎作詞／袴田宗孝作曲／松山恵子歌

なにも言わずに
このままそっと
汽車に乗ろうと
思ったものを
駅の喫茶の　公衆電話
いつかかけていた
馬鹿ね馬鹿だわ
私の未練
さようなら
さようなら
お別れ電話の
せつないことば

好きでないなら
何でもないわ
好きでいりゃこそ
苦しくなるの
飛んで来ないで
そのまま居てよ
逢えばもろくなる
ほんとほんとよ
私の気持
さようなら
さようなら
お別れ電話の
せめてのことば

先があるのよ
あなたの身には
こんな女は
忘れるものよ
ベルが鳴る鳴る
プラットホーム
ここが切れめ時
出てはいけない　私の涙
さようなら　さようなら
お別れ電話の
最後のことば

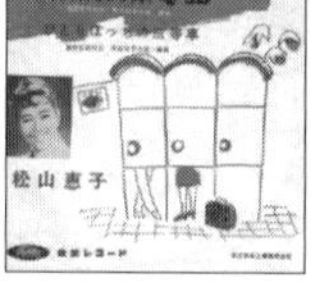

「お恵ちゃん」こと松山恵子は昭和12年（1937）福岡県で生まれ、父の仕事の関係で東京に引越すが、東京からさらに父の故郷の愛媛県宇和島市へ引越す。

中学生で出場したコロムビア全国歌謡コンクールで入賞を果たし、歌手になるため上京しようとしたが資金が足りず大阪市淀川区に転居し、大阪エコー音楽学院の研究生となる。

「雪州音頭」を岡崎景子の芸名で、全国歌謡コンクールで優勝した日本マーキュリーレコードからデビューした。

昭和31年（1956）に「十九の浮草」が大ヒットし、一気にスターダムにのし上がり、以降、藤島桓夫と共に同社の看板歌手となった。

その後、「未練の波止場」「だから言ったじゃないの」そしてこの「お別れ公衆電話」など数多くのヒット曲を飛ばした。

特に「だから言ったじゃないの」は、「あんた泣いてんのねえ、だかぁら言ったじゃないの」の歌詞が一時、巷間で流行語になった。

その後マーキュリーが倒産して東芝レコードに移籍す

〔出来事〕安保闘争は続き、安保改定阻止国民会議が結成され、デモ隊2万人が国会構内に突入までした。労働界では三池争議が始まるなど、政労いずれも揺動する空気をかもした。

しかし空前の「岩戸景気」のもと貿易自由化が開始され、世間は皇太子の結婚パレードが沿道をうずめ、テレビ視聴者は1500万人に達した。

〔流行歌〕「南国土佐を後にして」ペギー葉山／「黄色いさくらんぼ」スリー・キャッツ／「黒い花びら」水原弘（第1回レコード大賞）／「僕は泣いちっち」守屋浩

〔映画〕「人間の条件」（小林正

る。

ところが昭和44年（1969）年に交通事故に遭い、瀕死の重傷を負うが、不屈の闘志で復活。その後、昭和を過ぎ平成中期に至るまでの間、最後まで国民的歌手としての人気を保ち続けた。

晩年は、ド派手なドレスを着込んで歌うという、年齢を感じさせないステージが多くの世代に親しまれ、なつメロ番組には欠かせない存在であった。特に紅白歌合戦では、毎回どんな衣装で現れるかで、観客を沸かせ続けた。

この「お別れ公衆電話」は、いまは少なくなった公衆電話を扱った貴重な曲であり、その中で「駅の喫茶の公衆電話　いつかかけていた」の末尾を「いつかかけていた～あぁ」と引っ張って歌うところが、まさに松山節である。

彼女が人気と実力を兼ね備え得たのは、音楽学院での勉強の賜物であろう。その高音を活かしてグイグイと迫ってくる泣き節は、演歌に通じるものがある。しかし彼女は平成に入っても演歌路線に転じなかった。昭和の終焉まで歌謡曲を歌い続けた松山の姿勢は偉とすべきであろう。

樹　監督）／「十二人の怒れる男」（米）

〔書籍〕「紀ノ川」有吉佐和子／「にあんちゃん」安本末子

〔世相〕カミナリ族／タフガイ／岩戸景気／神風タクシー／週刊誌ブーム

1月：キューバ革命　4月：皇太子結婚パレード　7月：児島明子、ミス・ユニバース決定　8月：マイカー元年・三池争議始まる　9月：伊勢湾台風　小沢征爾、仏ブザンソン指揮者コンクール1位

昭和35年　日本中を巻き込んだ安保闘争

アカシアの雨がやむとき

水木かおる作詞／藤原秀行作曲／西田佐知子歌

アカシアの雨にうたれて
このまま死んでしまいたい
夜が明ける　日がのぼる
朝の光のその中で
冷たくなった　わたしを見つけて
あの人は
涙を流して　くれるでしょうか

アカシアの雨に泣いてる
切ない胸はわかるまい
思い出のペンダント
白い真珠のこの肌で
淋しく今日も　あたためてるのに
あの人は
冷たい瞳《め》をして　どこかへ消えた

アカシアの雨がやむとき
青空さして鳩がとぶ
むらさきの羽《はね》の色
それはベンチの片隅で
冷たくなった　わたしのぬけがら
あの人を
さがして遙かに　飛び立つ影よ

西田佐知子は昭和31年（1956）、日本マーキュリーから西田佐智子の名で「伊那の恋唄」でデビューした。それ以前、福島通人に注目され「第二の美空ひばり」として「浪花けい子」の名で売り出されたこともあった。しかしなかなか目が出ず、レコード会社を転々としていた。

そこで日本グラモフォン（現・ポリドール）の五十嵐ディレクターに見出された。彼女はまず、映画『日曜はダメよ』の主題歌、続けて外国曲のカバー「コーヒールンバ」のメガヒットで一躍その名を知られるようになる。

さらに「徹底的に悲しい歌を」との要望のもとに作られた路線の第2弾が、この「アカシアの雨がやむとき」だったという。これに応えた以下の歌詞は、まさに悲壮感そのものであった。

アカシアの雨にうたれて
このまま死んでしまいたい
それはベンチの片隅で
冷たくなったわたしのぬけがら

〔出来事〕5月、政府は新安保条約を強行採決しようとしたため、連日国会を取り巻くデモが続き、警官隊との衝突で死者まで出したが、6月、自然承認となる。直前の米大統領の訪日は中止され、岸内閣は総辞職した。10月には浅沼社会党委員長が刺殺され、右翼によるテロが活発化した。空前の学生運動は頓挫し、「マイホーム主義」が起こった。

〔流行歌〕「誰よりも君を愛す」松尾和子・和田弘とマヒナスターズ／「月の法善寺横丁」藤島桓夫／「雨に咲く花」井上ひろし／「潮来笠」橋幸夫／「有難や節」守屋浩

最初はぱっとしなかったが、60年安保闘争に敗れた挫折感から若者のあいだで急速に広まったという。これは安保当時の世相を表現するテーマ曲のように扱われ、その物憂げな歌声はニュース映像のBGMとして使用されることも多かったようである。

この曲は第4回日本レコード大賞特別賞を受賞し、以後、ロングセラーを続けた。

興味を引くのはこの歌も含め、彼女の曲はB面扱いが少なくなかった。物憂げでハスキーな西田の声は、それまでの歌謡曲になじみにくかったためであろうか。

しかし、以後の彼女は「東京ブルース」「女の意地」「赤坂の夜は更けて」と次々にヒットを飛ばすが、歌の内容は古風なものが多く、そのため時代を経るにつれ、どうしても古色を帯びてしまう。

だが西田の諸曲は、今日聴いてもいささかも色あせず新鮮である。それは曲が都会調なためだけでなく、彼女の歌いぶりがけだるい雰囲気に覆われているからである。

それが引退後のいまも、多くのファンの支持を得続けている理由であろう。

〔映画〕「青春残酷物語」（大島渚監督）／「おとうと」（市川崑監督）／「太陽がいっぱい」（仏）／「ベン・ハー」（米）
〔書籍〕「性生活の知恵」謝国権
〔世相〕声なき声／所得倍増／私はウソは申しません／インスタント／ダッコちゃん人形
1月：民社党結成　6月：安保闘争過激化　新安保条約自然成立　岸内閣総辞職　7月：池田内閣成立　8月：山谷ドヤ街住民暴動　9月：カラーテレビ本放送開始　10月：浅沼社会党委員長刺殺さる　12月：所得倍増計画

昭和36年
「所得倍増計画」のもとレジャーブームに

上を向いて歩こう

永六輔作詞／中村八大作曲／坂本九歌

上を向いて歩こう
涙がこぼれないように
思い出す春の日
一人ぽっちの夜
上を向いて歩こう
にじんだ星を数えて
思い出す夏の日
一人ぽっちの夜
幸せは雲の上に
幸せは空の上に
上を向いて歩こう
涙がこぼれないように

泣きながら歩く
一人ぽっちの夜

思い出す秋の日
一人ぽっちの夜
悲しみは星の影に
悲しみは月の影に
上を向いて歩こう
涙がこぼれないように
泣きながら歩く
一人ぽっちの夜
一人ぽっちの夜

戦後の昭和歌謡の代表三曲はと言われて、その一つに確実に挙げられそうなのはどうもこの曲のようである。

人気・内容それぞれの基準で分かれるであろうが、「国民歌謡」という観点からみると、この歌くらい人々に親しまれたものはなかろうからである。

日本ばかりでなく、世界60余カ国でレコード化され、「SUKIYAKI」の名で全米ヒットチャート1位を占めたのはよく知られたところである。

歌謡曲にテレビが普及してくると、歌だけで勝負することは難しくパフォーマンスも必要になってきた。坂本九などはその典型といえよう。

彼ははじめダニー飯田とパラダイスキングの一員として「悲しき60歳」でデビュー、その後「素敵なタイミング」で人気を博した。これらはまず歌詞の面白さが人を引きつけ、それをひょうきんでパンチのある歌い方でものしたものである。

これらのヒットで一躍茶の間の人気者になった坂本は、テレビや映画で引っ張りダコとなる。そのなかで彼は、そ

〔出来事〕岸内閣のあと政権を担った池田首相は、「寛容と忍耐」の低姿勢のもとに所得倍増計画を掲げる。実質経済成長率は14・5%と最高となり、「岩戸景気」にわく世間はレジャーブームにわく。6月には、農業基本法が公布されるが、農業から工業への労働力流出は、以後食糧自給率の低下をもたらすことになる。ソ連宇宙船が地球一周に成功したとき、搭乗飛行士は「地球は青かった」と言った。

〔流行歌〕「東京ドドンパ娘」渡辺マリ／「銀座の恋の物語」石原裕次郎・牧村旬子／「君恋し」フランク永井／「スーダラ節」植木等／「王将」村田英雄

の特性で活かし得た作詞・作曲家によって次々と佳曲を発表していく。

わけても「明日がある さ」「幸せなら手をたたこう」「ジェンカ」等々の快感に満ちた曲々は年令を問わず即座に唱和できるもので、それまでのうっとうしい歌謡曲の閉鎖性を見事に打ち破ったのである。

なかでもいわゆる6・8・9トリオになるこの歌で彼の名は世界的となった。

しかし昭和60年(1985)の日航機墜落事件で彼の命はわずか43歳で突然絶たれてしまった。

けれども生きていて中年期にさしかかった彼がはたしてどのように大人の歌に切り替えたであろうか。

「見上げてごらん夜の星を」「明日があるさ」「幸せなら手をたたこう」で、新たな可能性の片鱗を見せたのであるが、独特の歌法に限られていただけに、その前途は厳しいものとなったであろう。

そうした彼の命が突如として絶たれたことは、むしろ歌謡界に類例のない〝九ちゃん〟として刻印され得たことで天命であったかもしれない。

〔映画〕「名もなく貧しく美しく」(松山善三 監督)/「用心棒」(黒澤明 監督)/「ウエストサイド物語」(米)
〔書籍〕「英語に強くなる本」岩田一男/「何でもみてやろう」小田実
〔テレビ〕「夢で逢いましょう」/「シャボン玉ホリデー」/「七人の刑事」
〔世相〕レジャー/プライバシー/わかっちゃいるけど/不快指数/六本木族
2月:「風流夢譚」事件 6月:農業基本法公布 8月:釜ケ崎ドヤ街住民暴動 9月:第2室戸台風 柏鵬時代開幕 10月:〝東洋の魔女〟帰国 一斉学力テスト実施

昭和37年　多方面で世界に伍していく日本

下町の太陽

横井 弘作詞／江口浩司作曲／倍賞千恵子歌

下町の空に　かがやく太陽は
よろこびと　悲しみ写す
ガラス窓
心のいたむ　その朝は
足音しみる　橋の上
あゝ太陽に　呼びかける

下町の恋を　育てた太陽は
縁日に　二人で分けた
丸いあめ
口さえきけず　別れては
祭りの午後の　なつかしく
あゝ太陽に　涙ぐむ

下町の屋根を　温《ぬく》める太陽は
貧しくも　笑顔を消さぬ
母の顔
悩みを夢を　うちあけて
路地にも幸《さち》の　くるように
あゝ太陽と　今日もまた

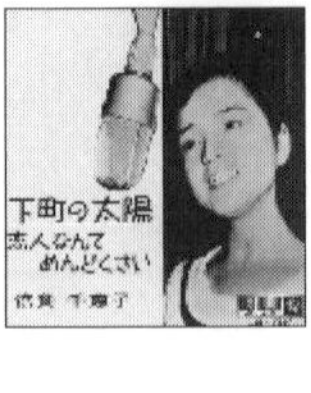

倍賞千恵子は、幼年期を東京の滝野川で過ごしたが、そこは典型的な庶民の町だった。

彼女は幼少時から童謡を歌い、「のど自慢荒らし」として知られ、みすず児童合唱団を経て、昭和32年(1957)、松竹音楽舞踊学校に入学。昭和35年(1960年)、同校を首席で卒業し、松竹歌劇団(SKD)13期生として入団した。

やがて松竹映画にスカウトされ、山田洋次監督の「下町の太陽」に主演以降、山田作品に欠かせない庶民派女優となる。「男はつらいよ」では「明るいが優しく淑やかな」さくら役を演じ、人気を不動のものにしたことは周知の通りである。

歌手としても昭和38年(1963)に「下町の太陽」でデビューし、現在このフレーズ自体が倍賞の代名詞になっている。第4回日本レコード大賞新人賞を受賞。NHK紅白歌合戦にも4年連続出場した。

この代表曲は、彼女が生まれ育った環境にぴったりの曲である。

作詞の横井も作曲の江口

〔出来事〕すわ米ソ戦争かと、一触即発の事態に世界中が固唾を飲んだ〈キューバ危機〉が起こったが回避された。

日本では［東京、世界初の一千万都市に］、［世界最大のタンカー「日章丸」進水］、また［「金田投手、世界新記録樹立］、［ファイティング原田、世界フライ級選手権獲得］、［〈東洋の魔女〉、世界バレーボール選手権大会で完全優勝］等々、「世界〜」を冠したニュースが駆け巡った。

〔流行歌〕「可愛いベイビー」中尾ミエ／「恋は神代の昔から」畠山みどり／「いつでも夢を」橋幸夫・吉永小百合／「遠くへ行きたい」ジェリー藤尾／「赤

も、こうした倍賞のキャラクターを活かしきったがゆえの佳曲となった。

しかしこの曲は当初受け入れられず、長田暁二ディレクターの必死の宣伝で実ったという。それは会社が懸念した通り、彼女の庶民性一本ではヒットは難しかったことを示している。

だが、以降の「さよならはダンスの後に」「忘れな草をあなたに」(菅原洋一らとの競作)に至って、彼女の抜群の歌唱力は全開した。

下町育ちという庶民性だけでも、抜群の歌唱力だけでもヒットには至らないということ。その相乗効果によってこそ歌は花開くということを、この歌は典型的に示しているといえよう。

近年彼女は、音楽に重点を置いた芸能活動をしている。そのレパートリーは歌謡曲からポピュラー、スタンダード、童謡・唱歌まで幅広いジャンルにわたっている。

それらを歌いこなすことに加え、よく伸びるソプラノと日本語の発音の美しさから歌手としての評価も非常に高く、現在でも精力的にコンサートを行っている。

いハンカチ」石原裕次郎
〔映画〕「キューポラのある街」(浦山桐郎　監督)
〔書籍〕「徳川家康」山岡荘八／「黒の試走車」梶山季之／「砂の女」安部公房
〔テレビ〕「ベン・ケーシー」／「てなもんや三度笠」
〔CM〕「チョチョンのパ」／「スカッとさわやか」
〔世相〕青田買い／女子大生亡国論／無責任時代／総会屋／コピー時代
1月：公明党結成　3月：アルジェリア戦争終結　5月：三河島事故　サリドマイド睡眠薬販売停止　8月：堀江謙一、ヨットで太平洋横断　YS11初飛行
10月：キューバ危機

高校三年生

丘灯至夫作詞／遠藤実作曲／舟木一夫歌

赤い夕日が
校舎をそめて
ニレの木陰に
弾む声
ああ　高校三年生
ぼくら
離れ離れに
なろうとも
クラス仲間は
いつまでも

泣いた日もある
怨んだことも
思いだすだろ
なつかしく
ああ　高校三年生
ぼくら
フォークダンスの
手をとれば
甘く匂うよ
黒髪が

残り少ない
日数《ひかず》を胸に
夢がはばたく
遠い空
ああ　高校三年生
ぼくら
道はそれぞれ
別れても
越えて歌おう
この歌を

舟木一夫はのびやかな美声で昭和38年（1963）、「高校三年生」でデビュー、同じ時期にデビューした西郷輝彦、橋幸夫とともに「御三家」として人気を集めた。

彼が見出されたのは高校時代で、当時学生服で歌っていた橋幸夫の対抗馬として、学生服デビューした。

その後、学園三部作として「修学旅行」「学園広場」が続いた。学園ものの歌謡曲は少なくないが、これを前面に出した歌謡曲は「高校三年生」が最初といっていい。

しかしこの分野では実はすでに佳曲があって、それは白根一男が歌った「夕映えの時計台」である。

題名通り「夕映えの丘の時計台」で始まるこの曲は、やはり卒業間近となり、仲間との名残りを惜しむ内容で、主に抒情歌謡をレパートリーとしていた彼のなかでは珍しい青春ものであった。

「赤い夕陽が校舎を染めて〜」で始まるのは「高校三年生」と同じであり、「ぼくら離れ離れになろうとも」や「残り少ない日数を胸に」なども同類である。

「高校三年生」は発売1年で

〔出来事〕

米ソ両国は、部分的核実験停止条約に調印するなど共存をめざした。しかし、社会主義陣営では中ソ対立が激化してきた。初の日米間テレビ宇宙中継受信の成功に湧いた画面には、ケネディ米大統領暗殺という衝撃的な映像が電送された。

国内では、吉展ちゃん誘拐事件や横綱大鵬の六場所連続優勝が社会面・スポーツ面をにぎわせた半面、巷での爆発的流行をみたボーリングに庶民が興じる姿を映し出した。

農村の過疎化は、兼業農家を激増させ「三ちゃん農業」と言われた。

〔流行歌〕「東京五輪音頭」三波

100万枚を売り、主演映画も学園三部作もヒットした。これらの成功は、スタッフのイメージ戦略が功を奏したものである。以降、舟木は「絶唱」などの叙情歌謡と呼ばれるジャンルや「銭形平次」などのマゲものでならした。

しかし昭和45年(1970)に入ると歌謡映画が廃れ、TVドラマへの需要もなくなり、舞台と地方公演が主な活動の場となってしまう。

そのため彼は三度も自殺を図り、心身不調のため静養することとなる。

その後長らく舟木の不遇時代が続いたが、デビュー30周年公演を機に、主に中高年女性のアイドルとして復活した。(このころビートルズが来日し、その公演と舟木公演がかち合ったが、彼女たちはビートルズに見向きもしなかった。)

以降も、歌手・舞台俳優として幅広い層から根強いファンを集めている。

実に十数年を経て人気が再燃したのは、ヤワともいえる彼のような風貌が、いかに中高年婦人の琴線にふれるものであるかを示しているといっていい。

春夫/「こんにちは赤ちゃん」梓みちよ
〔映画〕「天国と地獄」(黒澤明監督)/「アラビアのロレンス」(英)
〔書籍〕「江分利満氏の優雅な生活」山口瞳/「竜馬がゆく」司馬遼太郎/「愛と死をみつめて」河野実・大島みち子
〔テレビ〕「花の生涯」/「鉄腕アトム」
〔世相〕バカンス/ハッスル/カワイコちゃん/自動販売機
3月:吉展ちゃん誘拐事件　5月:狭山事件　11月:新千円札発行　鶴見事故　三井三池炭鉱ガス爆発　日米間テレビ宇宙中継　ケネディ米大統領暗殺　12月:力道山、刺殺され、死亡

昭和39年

東京オリンピック、新幹線開業に沸き立つ

あゝ上野駅

関口義明作詞／荒井英一作曲／井沢八郎歌

どこかに故郷の
香りを乗せて
入る列車の
なつかしさ
上野は　おいらの
心の駅だ
くじけちゃならない
人生が
あの日ここから
始まった

就職列車に
揺られて着いた
遠いあの夜を
思い出す
上野は　おいらの
心の駅だ
配達帰りの
自転車を
止めて聞いてる
国なまり

ホームの時計を
見つめていたら
母の笑顔に
なってきた
上野は　おいらの
心の駅だ
お店の仕事は
辛いけど
胸にゃでっかい
夢がある

この歌は戦後歌謡史に残る名曲とされており、上野駅前には歌碑が完成し、また発車メロディーに使用されてもいる。

作詞者の関口は、上野駅で乗降する東北地方からの集団就職者を取り上げようと思い立ち、雑誌公募の「田園ソング」に応募したところ入選。これに目をつけた東芝のディレクターが井沢八郎に歌わせたということである。

この歌のヒットの要因は、なんといってもその歌詞にある。「上野はおいらの心の駅だ」と一人称を中軸としているように、上京した若者の心情に即しているのが成功している。

ホームの時計を見るにつけ故郷を思い出す彼は、「配達帰りの自転車を止めて」国なまりを聞いている。彼は、個人経営の商店に勤めたのであろう。「お店の仕事は辛いけど」「くじけちゃいけない人生」だと気を取り直す。それは「胸にゃでっかい夢がある」からである。――これはひとり若者だけでなく、前に進もうとする者すべてを励ます応援歌なのである。

上京した若者たちの動向を

〔出来事〕この年イギリスでは労働党内閣が成立したが、わが国の革新勢力は、原潜反対ではスクラムを組んだものの、原水禁大会の社共両系の分裂に加えて、公明党や同盟が結成されるなど、混迷の度を増していた。政治社会の困惑をよそに、世間ではビートルズ旋風が吹きまくるなか、東海道新幹線の開業、そして東京オリンピックの開催に湧き立った一年だった。

〔流行歌〕「サントワマミー」越路吹雪／「お座敷小唄」松尾和子・和田弘とマヒナスターズ／「夜明けの歌」岸洋子／「アンコ椿は恋の花」都はるみ／「学生時代」ペギー葉山／「涙を抱

めぐる歌のパターンは、主に三つの類型に分けられる。第一に、あこがれの都会に来て、夢をはばたかせる者、第二に、都会の喧騒にまみれて苦闘する者、第三に、夢やぶれて帰郷を余儀なくされた者である。歌の題材の多さとしては、第三、第二、第一の順になろう。

この「あゝ上野駅」は第一に属する数少ない貴重なものである。それは先に述べた前向きに満ちた歌詞（特に最後の）によって明らかであろう。この歌を口ずさむと、自ずと胸がふくらんでくるのを覚える。

これを歌った井沢八郎は、伸びやかでハイトーンを特徴とする歌声であったが、不詳事で芸能活動が成らず、69歳で病没した。

彼は「男船」でデビューしたように、本来演歌歌手であった。しかし第三弾の「あゝ上野駅」は、集団就職の経験者だけでなく、高度経済成長時代を生きた人々の想いに刻まれることになった。

この歌によって井沢の名が不滅となったことは、彼にとってまことに幸せなことであった。

いた渡り鳥」水前寺清子
〔映画〕「愛と死を見つめて」（斎藤武市 監督）／「マイ・フェア・レディ」（米）
〔書籍〕「楡家の人びと」北杜夫／「されどわれらが日々」柴田翔
〔テレビ〕「ひょっこりひょうたん島」／「木島則夫モーニングショー」
〔世相〕根性／おれについてこい／ウルトラC／トップレス／シェー（「おそ松くん」）
4月：日本、OECDに加盟
6月：新潟地震　8月：トンキン湾事件　9月：東京モノレール開通　10月：東海道新幹線開通　東京オリンピック開催　11月：同盟発足、公明党結成

昭和40年 証券不況の経済界、任侠路線の歌謡界

赤いグラス

門井八郎作詞／牧野昭一作曲／アイ・ジョージ・志摩ちなみ歌

唇《くちびる》よせれば
なぜかしびれる
赤いグラスよ
愛しながら別れて
今もなお
遠くいとしむ
あの人の
涙・涙・涙

別れの言葉を
思い出させる
赤いグラスよ
わたしだけが知ってる
あの夜の
恋の苦しみ
もういちど
夢を・夢を・夢を

帰らぬあの日よ
今宵ふたたび
赤いグラスに
花は咲いても散っても
思い出は
赤いグラスに
くちづけて
いつも・いつも・いつも

アイ・ジョージは、一口には捉えきれぬ存在である。昭和8年（1933）、香港で日本人とフィリピン人との間に生まれた混血児で、中国を経て日本に移住するが、3歳で母を15歳で父を亡くし孤児となる。

さまざまな職を転々としたあと昭和28年（1953）、流しの歌い手となりテイチクの試験に合格。しかし歌謡歌手で出そうとする社と、ジャズ歌手を目指す彼と主張が食い違い退社、再び全国を回る。

昭和34年（1959）、ナイトクラブの専属歌手となるが、そこで森繁久彌に「彼の歌には人生がある」とうならせて見込まれ、トリオ・ロス・パンチョスの前座で、アイ・ジョージとして改めてデビュー。同じ前座の坂本スミ子共々大いに売り出し、再びテイチクに入り、紅白歌合戦に12回連続出場する。

彼のフィールドは広大であり、ジャンルも狭い範囲にとどまらない。そして昭和36年（1961）に自作の「硝子のジョニー」、4年後に「赤いグラス」を志摩ちなみとのコンビで出し、これはカラオケのデュエット曲の定番の一

〔出来事〕

1960年代半ばとなり、ベトナム戦争は米軍の北爆開始で激化の一途をたどり、中国では文化大革命が起こった。

わが国では、朝永振一郎博士がノーベル物理学賞を受賞したのが明るい話題ながら、経済界は証券不況となり、また戦後初の赤字国債が発行された。

巷ではエレキギターが喧騒をきわめ、ミニスカートが流行した。

〔流行歌〕「女心の唄」バーブ佐竹／「さよならはダンスの後に」倍賞千恵子／「愛して愛して愛しちゃったのよ」田代美代子／「涙の連絡船」都はるみ／「函館の女」北島三郎／「知りたくないの」菅原洋一

つとなるが、彼の名は結局この2曲で留められている。

　昭和40年（1965）には「アイ・ジョージ全集〝情熱の歌声〟」として、「ラテン篇」「歌謡・ポピュラー篇」の2枚組LPが出た。

　これには本人の「人間の夢は何処まで広げて行っても果てしないものだが、僕は夢を喰う獏のように貪欲に喰い続けたいと思っている。五年前〝ラ・マラゲーニヤ〟でデビューしてからもう何曲吹き込んだか憶えていないが、この全集を通じて思うことは、これが僕のすべてではなく、…これからのスタート台であり、もっともっと大きくなる為の道程であるべきだと考えています」とのコメントが添えられている。

　昭和38年（1963）にはカーネギーホール公演を果たし、また世界規模のチャリティCD制作をぶち上げるなど、その自信と押しは過剰なほどであるが、まだ果たし切っていない。

　いまに至るまで消息のつかみにくい存在だが、よく通る高音の魅力は独特であり、そうした特性を活かした開拓が待たれる。

〔映画〕「赤ひげ」（黒澤明 監督）、「日本列島」（熊井啓 監督）／「サウンド・オブ・ミュージック」（米）
〔書籍〕「氷点」三浦綾子／「南ヴェトナム戦争従軍記」岡村昭彦
〔テレビ〕「太閤記」／「スタジオ102」／「11PM」
〔世相〕期待される人間像／しごき／007／かぎっ子／エレキギター／ミニスカート／公害
2月：北爆開始　4月：ベ平連初のデモ　6月：日韓条約調印
　第二水俣病発生　8月：佐藤首相沖縄訪問　10月：朝永振一郎ノーベル賞受賞　11月：赤字国債発行　文化大革命開始

二人の銀座

永 六輔作詞／ベンチャーズ作曲／和泉雅子・山内 賢歌

待ちあわせて　歩く銀座
灯ともし頃　恋の銀座
僕と君が　映るウィンド
肩を寄せて　指をからませ
二人の銀座
銀座　二人だけの
星もネオンも　僕と私のもの
夜も更けて　消えたネオン
夜空だけ　恋人だけ
ベーヴメントに　よりそう影が

かさなる時　初めてのキス
二人の銀座　二人の銀座
二人の銀座

歌謡曲におけるデュエットはジャンルを問わず数多く出ているが、ヒットしたものの要因はさまざまである。詞や曲がすぐれていることはもとよりだが、歌い手の組み合わせの魅力によることが大きいであろう。もっともそれがゴールデンカップルであっても、必ずしも当たるとは限らない。

この「二人の銀座」は、それらが実にうまく活かされた好例であろう。

まず曲についていえば、ベンチャーズが銀座の夜景をイメージして作曲したとのことだが、彼らが手がけたもう一つの「京都の恋」（渚ゆう子）にしても、間違いないとされる銀座・京都をすえたことが一つ。

次に詞であるが、本来は岩谷時子が作詞する予定を永六輔に変えたとのことだが、これもよい結果を生んだのであろう。

さらに歌い手だが、当初は越路吹雪に提供されたが、越路は自分より和泉雅子がデュエットで歌った方がよいと判断したとのこと。これも賢明であったといえる。

というのは、和泉はプロの

〔出来事〕2月に全日空機が墜落、3月にはカナダ航空機が炎上、そしてその翌日にBOAC機が空中分解、さらに11月にはまた全日空機が墜落するというように、飛行機事故が相次いだ年だった。「いざなぎ景気」と呼ばれる反面、物価メーデーも開かれた。世界ではベトナム戦争反対の声が日増しに高まり、ボブ・ディランの反戦歌が国境を越えて広まっていた。前年来のエレキブームは、来日したザ・ビートルズの武道館公演によって頂点に達し、和製グループ・サウンズが乱立し始めた。
〔流行歌〕「星影のワルツ」千昌夫／「君といつまでも」加山雄

歌い手ではないが、銀座・三原橋の傍で寿司割烹店を営む家庭に生まれた正真正銘の銀座っ子であり、彼女は水を得た魚のように生き生きと歌っているからである。

彼女と組んだ山内賢は多くの日活映画に出演している。1960年代にブームとなる日活純愛・青春路線を支え、和泉雅子との共演作品も数多い。

山内自身も、歌唱及びギターを得意とし、昭和37年（1962）には、日活の俳優仲間であった和田浩治、杉山俊夫、木下雅弘らとともにヤング・アンド・フレッシュというバンドを結成し、レコードをリリースしている。

そして、この「二人の銀座」のヒットから同名の映画が出来、この面々が出演している。

かくして、ベンチャーズに和泉雅子＋山内賢という絶妙の組合せにより、銀座を歌ったことで大きな成功に導いた。このフレッシュな青春スターのコンビが、胸はずむリズムに乗って「待ち合わせて歩く銀座～」と爽やかに歌い進むこの曲は、永遠のデュエットソングとして定着することになった。

三／「骨まで愛して」城卓矢／「柳ケ瀬ブルース」美川憲一／「バラが咲いた」マイク真木／「こまっちゃうナ」山本リンダ
〔映画〕「白い巨塔」（山本薩夫監督）／「市民ケーン」（米）
〔書籍〕「沈黙」遠藤周作／「山本五十六」阿川弘之
〔テレビ〕「おはなはん」／「ウルトラマン」／「銭形平次」
〔世相〕丙午で出産数激減／交通戦争／3C（カラーテレビ・カー・クーラー）
5月：米原潜、横須賀入港　6月：ザ・ビートルズ来日　8月：文化大革命勝利集会　11月：全日空機（YS11）墜落　12月：黒い霧解散

小指の想い出

有馬三恵子作詞／鈴木淳作曲／伊東ゆかり歌

あなたが噛んだ　小指が痛い
きのうの夜の　小指が痛い
そっとくちびる　押しあてて
あなたのことを　しのんでみるの
私をどうぞ　ひとりにしてね
きのうの夜の　小指が痛い

あなたが噛んだ　小指がもえる
ひとりでいると　小指がもえる
そんな秘密を　知ったのは
あなたのせいよ　いけない人ね
そのくせすぐに　逢いたくなるの
ひとりでいると　小指がもえる

あなたが噛んだ　小指が好きよ
かくしていたい　小指が好きよ
誰でもいいの　何もかも
私の恋を　おしえてみたい
ほんとにだけど　言えないものね
かくしていたい　小指が好きよ

歌の巧さにかけては定評あるものの、なかなかヒットを生み出せないタイプの歌手は少なくない。伊東ゆかりや岩崎宏美がその好例であろう。両者の共通点は、きわめて真面目な印象であり、もう少し崩れておればと思わせるところである。

そうした彼女らが、雌伏数年を経て突如浮上する場合がある。ゆかりの場合それは「小指の想い出」であった。彼女は幼少期から歌い始め、11歳で映画『戦場にかける橋』の主題曲「クワイ河マーチ」でデビューした。進駐軍キャンプできたえた声は、和製ポップスにぴったりであった。

ゆかりは渡辺プロダクションに所属し、ポップスを得意とした中尾ミエ、園まりと三人で〝スパーク3人娘〟を結成。テレビ番組の出演で知名度を上げた。

彼女が歌謡曲で一躍前面に出たのは昭和42年（1967）にリリースした「小指の想い出」で、これは爆発的なヒットとなり、さらに「恋のしずく」「朝のくちづけ」「知らなかったの」と立て続けにヒット曲を飛ばした。

これは有馬三恵子の作で、

〔出来事〕
高度経済成長により生活水準は向上したが、環境は破壊され公害問題が浮上した。水俣病、イタイイタイ病、四日市ぜんそくなどの公害病が告発され、公害対策基本法が制定された。野党の多党化現象のなかで、革新首長が相次いで誕生した。アメリカの核持ち込みの懸念に対し、非核三原則が表明された。
〔流行歌〕「銀色の道」ピーナッツ、ダーク・ダックス／「君こそわが命」水原弘／「ブルーシャトー」ブルーコメッツ／「世界は二人のために」佐良直美／「帰ってきたヨッパライ」フォークルセダーズ

その詞は「夕べのことはもう言わないで」というものだが、これだけなら単に男女の逢瀬の想い出を歌っただけである。

しかし、ここに「小指」を入れたのがまことに意味深長で、単にからませただけなのか、それ以上に卑猥な行為に及んだのかまで深読みさせてしまうため、一気に大人の歌になっている。

それを清純で健康なイメージのゆかりが、ここで甘えこびるような声質で歌ったところに、彼女の大人への脱皮が認められるのである。それはまさに歌謡曲の世界である。

だがゆかりは、この路線による「知らなかったの」でその世界を閉じてしまった。彼女はやはりポップスに戻り、そのまま今に至っている。

彼女は一時期の低迷を脱し、昭和52年（1977）からの司会を務めたTBSの『サウンド・イン〝S〟』が転機となり〝大人の歌手〟として再評価された。

これは彼女が得意とする洋楽を中心にした構成で、時には世良譲のピアノにのせてスタンダード・ナンバーを歌い上げている。

〔映画〕「人間蒸発」（今村昌平監督）／「夕陽のガンマン」（伊）、「アルジェの戦い」（アルジェリア、伊）
〔書籍〕「華岡青洲の妻」有吉佐和子／「頭の体操」多湖輝
〔CM〕「おかあさーん」（ハナマルキ味噌）
〔世相〕核家族／シンナー遊び／フーテン族／アングラ族／ボイン／怪獣ブーム
2月：「建国記念の日」施行
4月：美濃部都知事誕生　6月：自動車保有台数1000万台突破　7月：EC発足　8月：ASEAN結成、公害基本法公布　9月：大気汚染公害訴訟
12月：「非核三原則」表明

昭和43年
〈イザナギ景気〉のなか広がる公害汚染、学園紛争

ブルー・ライト・ヨコハマ

橋本淳作詞／筒美京平作曲／いしだあゆみ歌

街の灯りが　とてもきれいね
ヨコハマ
ブルー・ライト・ヨコハマ
あなたとふたり　幸せよ
いつものように　愛の言葉を
ヨコハマ
ブルー・ライト・ヨコハマ
私にください　あなたから

歩いても歩いても　小舟のように
私はゆれて　ゆれて
あなたの腕の中
足音だけが　ついて来るのよ
ヨコハマ
ブルー・ライト・ヨコハマ
やさしいくちづけ　もう一度

歩いても歩いても　小舟のように
私はゆれて　ゆれて
あなたの腕の中
あなたの好きな　タバコの香り
ヨコハマ
ブルー・ライト・ヨコハマ
二人の世界　いつまでも

いしだあゆみは、姉ともども有望なフィギュアスケートの選手であったが、芸能界にスカウトされ、昭和37年（1962）いずみたくに師事した。

昭和43年（1968）コロムビアに移籍して吹き込んだ「ブルー・ライト・ヨコハマ」が翌年から大ヒットした。

彼女の歌った曲は、ほかに「あなたならどうする」があるくらいだが、「ブルー～」の大ヒットで、いしだあゆみは歌謡史に不動の地位を築いた。

この要因はどこにあったのか。まずは橋本淳・筒美京平という強力コンビによるものだったことがあげられる。作詞の橋本淳は、すでに昭和42年（1967）「ブルー・シャトウ」などのヒット曲を手掛けていた。

タイトルの横浜だが、これを冠した曲は当たらないとされていた。美空ひばりの「浜っ子マドロス」くらいであろうか。

しかし「伊勢佐木町ブルース」（昭和43年、青江三奈）そしてこの「ブルー～」あたりから変わってきた。このあと「よこはま・たそがれ」「港

〔出来事〕
日本国民の勤勉さは、GNP（国民総生産）を米国に次ぐ世界第二位に押し上げた。しかしこの〈イザナギ景気〉に浮かれた裏側では公害汚染が拡がっており、未曽有の経済大国はかかる犠牲のうえに成り立ってもいた。
米国では、ロバート・ケネディ、キング牧師らが暗殺され、ソ連はチェコに侵入するなど、衝撃的事件が相次いでいた。
全国に飛び火した学園紛争も、このような内外の激動する情勢に呼応するものだった。
〔流行歌〕「ゆうべの秘密」小川知子／「花の首飾り」ザ・タイガース／「天使の誘惑」黛ジュ

のヨーコ・ヨコハマ・ヨコスカ」が続く。

これまではやりにくいとされた当地の状況もすっかり変わり、橋本はこれを前面に打ち出し、横浜を「ヨコハマ」としたうえ、上に「ブルーライト」と冠してしゃれた雰囲気を出した。

そしてこれに、ヒットメーカーの筒美京平が曲を付けた。彼はこのあと、いしだに「あなたならどうする」昭和45年（1970）を提供している。

これはまた、なかにし礼の奇抜な詞——「泣くの歩くの死んじゃうの」——が流行してヒットした。

この強力コンビに歌手の魅力が加われば、それだけでヒットは間違いないところだったが、いしだの容姿は、カワイコ系のアイドルとは言い難い。しかしそれをいしだは、透き通った歌唱で歌いきった。そこには、堂々たる風格さえ感じさせるものがあった。

彼女は昭和54年（1979）以降は女優業に転身。テレビや映画で存在感を放ち、数々の女優賞を獲得するに至っている。

ン／「恋の季節」ピンキーとキラーズ
〔映画〕「2001年宇宙の旅」「猿の惑星」「卒業」（以上、米）
〔テレビ〕「連想ゲーム」／「巨人の星」
〔書籍〕「竜馬がゆく」司馬遼太郎
〔マンガ〕「あしたのジョー」
〔世相〕ハレンチ／ズッコケる／ゲバルト／ノンポリ／シンナー遊び
3月：ソンミ事件　4月：霞が関ビル完成　キング牧師暗殺
5月：イタイイタイ病　6月：安田講堂占拠さる　8月：初の心臓移植手術　ソ連チェコ侵攻
12月：3億円強奪さる　川端康成ノーベル賞受賞

昭和44年

月面着陸の成功、フォークソングの高揚

長崎は今日も雨だった

永田貴子作詞／彩木雅夫作曲／内山田洋とクール・ファイブ歌

あなたひとりに　かけた恋
愛の言葉を　信じたの
さがし　さがし求めて
ひとり　ひとりさまよえば
行けど切ない石だたみ
あゝ　長崎は
今日も雨だった

夜の丸山　たずねても
冷たい風が　身に沁みる
愛し　愛しのひとは
どこに　どこにいるのか
教えて欲しい街の灯よ
あゝ　長崎は
今日も雨だった

頬にこぼれる　なみだの雨に
命も恋も　捨てたのに
こころ　こころ乱れて
飲んで　飲んで酔いしれる
酒に恨みはないものを
あゝ　長崎は
今日も雨だった

　戦後、コーラスグループはいくつも誕生した。それらはジャズ、ハワイアンなどのポピュラー系、フォーク系であったが、そのようななかで登場したクール・ファイブは、専ら歌謡曲を軸にした新しいグループであった。

　彼らは長崎市内のグランドキャバレーの専属バンドとして結成され、オリジナルメンバーは全員九州出身である。もともとジャズ、ラテンなど幅広いレパートリーを持っていたが、佐世保のナイトクラブ歌手として頭角を現わしていた前川清をメインボーカルに迎え、自主制作した「涙こがした恋」や「西海ブルース」が、地元の民放ラジオや有線放送で評判となっていた。

　昭和44年（1969）2月「長崎は今日も雨だった」でメジャーデビュー。（当初メジャーデビュー曲には「西海ブルース」が予定されていたが、昭和52年改めて吹き込まれた。）

　その後、翌年の「噂の女」、「そして神戸」、昭和52年（1977）「思い切り橋」等々、次々にヒットをとばした。

　昭和50年（1975）、フ

〔出来事〕

「人類、月面に立つ」――世界中を釘付けにした「アポロ11号」。航空士の月面着陸を成功させ、夢にまで見た宇宙への旅立ちを現実化させた米国はしかし、地上では戦火を交えていたという、なんとも皮肉なコントラストを呈していた。

東名高速道路を全面開通させたわが工業立国日本でも同様であった。突っ走る経済成長のゆがみは、例えば、機動隊まで導入された東大安田講堂占拠に象徴される大学紛争のような形で跳ね返っていたのだった。

〔流行歌〕「フランシーヌの場合」新谷のり子／「いいじゃないの幸せならば」佐良直美／「黒ネ

ジテレビ系『欽ちゃんのドンとやってみよう！』に全員がレギュラー出演。コミカルな面で、広くお茶の間に親しまれたのは周知の通りである。

前に挙げた諸曲は、いずれも前川のきれのいい冴え切った高音が牽引している。それを5人のコーラスが包み込むことによって、独特のムードを醸し出すもので、それまでになかった稀な方法が鮮やかに成功したものであった。

昭和62年（1987）、本来ポップス指向が強く演歌嫌いを公言していた前川が病気で脱退し、メンバーも大幅に変わり、チーフの内山田が逝去するなど転変した。しかし平成18年（2006）、紅白歌合戦での再結成が好評で活動を事実上再開した。シングル「恋唄―2007―」を新たに吹き込み翌年に発売。同曲発売以後は『NHK歌謡コンサート』のテレビ番組などに出演している。

その後、同様のグループが続々と登場したが、それは前川が嫌った演歌が主流であり、歌謡曲を本命としたグループは、このクール・ファイブにとどまっているのが現状である。

コのタンゴ」皆川おさむ／「今日でお別れ」菅原洋一
〔映画〕「男はつらいよ」（山田洋次監督）
〔テレビ〕「8時だョ！全員集合」
〔書籍〕「赤ずきんちゃん気をつけて」庄司薫
〔CM〕「オー、モーレツ！」／「はっぱふみふみ」
〔世相〕冷凍食品／クレジットカード／パンタロン／反体制フォーク
1月：東大安田講堂の封鎖解除　5月：東名高速道路全通　6月：新宿西口で反戦フォーク集会　7月：アポロ11号、月面着陸　10月：全米にベトナム反戦デモ

おんなの朝

西沢 爽作詞／米山正夫作曲／美川憲一歌

昭和45年

大阪万博の盛り上り、学生運動の激化

朝が来たのね
さよならね
街へ出たなら
べつべつね
ゆうべあんなに
燃えながら
今朝は知らない
顔をして
ああ　あなたは別れて
別れてしまうのね

朝が来たのね
さよならね
そんなはかない
仲なのね
こんどいつ逢う
あてもなく
冷えた紅茶を
ひとり飲む
ああ　さみしい私に
私にもどるのね

朝が来たのね
さよならね
思いだしたら
誘ってね
憎いあなたに
泣きながら
夢の名残りを
抱いてゆく
ああ　女の涙を
涙をわかってね
涙をわかってね

美川憲一くらい波乱の半生を送った歌手はいないだろう。不義の子として生まれ、芸能界を目指してまず映画界入りした。

次に歌手としては古賀政男の指導を受け、昭和40年（1965）「だけどだけどだけど」でデビュー。当時は男装・美少年キャラクターであったが、翌年「柳ケ瀬ブルース」が120万枚を売り上げ、さらにその翌年からの「新潟ブルース」「釧路の夜」もヒットした。

これを機に青春歌謡路線からムード歌謡・演歌路線へとシフトを変え、昭和45年（1970）、「みれん町」「大阪の夜」「おんなの朝」と立て続けにヒット曲を出す。「みれん町」のヒットで、盛り場をテーマにした曲なども発売され、この頃から曲調が変わっていく。

「おんなの朝」は30万枚を売り上げるが、NHKでは「歌詞の内容が過激」と歌唱禁止とされた。続く「お金をちょうだい」は話題となり、昭和47年（1972）「さそり座の女」もヒットして当時の星占いブームのきっかけとなった。

〔出来事〕ベトナム戦争は、学生射殺事件を機にデモ拡大と併せ、収拾のメドはさらに失われていった。わが国では、日航機よど号がハイジャックされ、学生運動は過激化した。一方では、三島由紀夫が自衛隊に乱入するなど、不穏な空気も醸し出された。各地では、ヘドロ汚染、スモン病の発生、さらに光化学スモッグなど公害汚染が続いた。この年の最大の話題は、大阪の万国博覧会、六千万人という驚異的な入場数を記録した。
〔流行歌〕「京都の恋」渚ゆう子／「走れコウタロー」ソルティ・シュガー／「知床旅情」加藤登紀子／「戦争を知らない子供

だがこれ以降は目立ったヒット曲がなく、昭和52年（1977）からの大麻事件以降はテレビの出演回数も減り、スナックや地方温泉地などでの公演が続いた。

ところが、1980年代ものまねブームのさなか、コロッケによって人気が復活し、平成3年（1991）の紅白歌合戦で「奇跡のカムバック」と話題になった。

再ブレイク以降は〝おネエキャラ〟や「おだまり」が流行し、また紅白出場での派手な衣装など話題にこと欠かなかった。

彼の歌手としての存在価値は、地の底に染み入るような歌声にあろう。前記のヒット曲の数々は、彼の広い音域にわたる美声に彩られてこそ聴き入らせる魅力がある。

NHKに敬遠されたという「おんなの朝」の「朝が来たのね　お別れ〜ね」といった歌詞。それには、濃艶に過ごした一夜であったからこそ離別せねばならぬ男女の切なさが込められている。

そうしたこの曲は、辛酸を嘗め尽くしたキャラクターを持つ美川の声によったからこそ映えたものといえよう。

たち」杉田二郎／「傷だらけの人生」鶴田浩二
〔映画〕「家族」（山田洋次 監督）／「イージー・ライダー」（米）
〔テレビ〕「時間ですよ」
〔書籍〕「苦界浄土」石牟礼道子／「アンアン」創刊
〔CM〕「ディスカバー・ジャパン」（国鉄）
〔世相〕ハイジャック／ウーマンリブ／鼻血ブー／ヘドロ／スキンシップ
3月：日本万国博覧会開催、日航機よど号乗っ取り　7月：光化学スモッグ発生　ヘドロ公害
8月：歩行者天国開始　11月：初のウーマンリブ大会　三島由紀夫割腹自殺

昭和46年　高度成長、〝モーレツ〟社員への反動

わたしの城下町

安井かずみ作詞／平尾昌晃作曲／小柳ルミ子歌

格子戸をくぐりぬけ
見あげる夕焼けの空に
だれが歌うのか　子守唄
わたしの城下町

好きだとも云えずに
歩く川のほとり
往きかう人に
なぜか目をふせながら
心は燃えてゆく

家並がとぎれたら
お寺の鐘がきこえる
四季の草花が咲きみだれ
わたしの城下町

橋のたもとにともる
灯のように
ゆらゆらゆれる
初恋のもどかしさ
気まずく別れたの

橋のたもとにともる
灯のように
ゆらゆらゆれる
初恋のもどかしさ
気まずく別れたの

小柳ルミ子は、宝塚を首席で卒業するといった稀有の能力の持ち主であるが、歌手としての素質を引き出したのは平尾昌晃であった。彼は新人発掘のため地方を巡っていた福岡で彼女を見出し、昭和46年（1971）にデビューさせたのが「わたしの城下町」で、160万枚の大ヒットとなる。

この曲がヒットした要因は、まずは安井かずみの手になる歌詞であろう。「格子戸をくぐりぬけ～わたしの城下町」「橋のたもとに残る」といった地方の城下町を舞台に、失恋であろう傷心の女性のたたずまい。これだけで日本人の心をぐっと引き付けるが、それを平尾の手練手管をつくした曲にのせたもの。

従来の作法なら、これをいかにも日本調丸出しの歌手に歌わせるところを、小柳ルミ子というバタくささも宿した甘ったるい声質の歌手が担った。詞・曲・歌の三者が一体となす和風と洋風を混然とさせたところに成功の要因がある。

作曲の平尾昌晃は自身療養生活を送った諏訪と高島城をイメージして曲想を得たと

〔出来事〕
カドミウム検出は、公害と職業病の並行進行が発覚。環境庁が設置され、八王子ではノーカーデーが実施。
労働界では国鉄の〈生産性向上運動〉が不当労働行為と認定され、〈モーレツ時代〉への反省がなされてきた。
経済面ではドル・ショックで円高が強まり、変動相場制の移行と共に日本は転機に立った。
〔流行歌〕「花嫁」はしだのりひことクライスマックス／「また逢う日まで」尾崎紀世彦／「よこはま・たそがれ」五木ひろし／「おふくろさん」森進一／「さらば恋人」堺正章
〔映画〕「沈黙」（篠田正浩 監督）

語っている。

このあと彼女は、翌年に「瀬戸の花嫁」で日本歌謡大賞を受賞。「お祭りの夜」「京のにわか雨」「漁火恋唄」などもヒットし、天地真理・南沙織とともに当時「三人娘」と呼ばれ、小柳は1970年代前半を代表するアイドルとなった。

その後1980年代に入ってからは、持ち前の歌唱力を活かした正統派歌手として数々の曲を歌った。紅白歌合戦にはなんと18年連続出場している。

さらに女優としても活躍し、昭和58年（1983）には「白蛇抄」で日本アカデミー賞最優秀主演女優賞を受賞している。

小柳の代表曲には「瀬戸の花嫁」が挙げられるのだが、これは詞・曲ともに安定路線で新鮮味がない。その後「冬の駅」「逢いたくて北国へ」「星の砂」「来夢来人（ライムライト）」「お久しぶりね」等々の曲を出しているが、いずれもいま一つの域を出なかった。

小柳歌謡は、ついに最初の「わたしの～」に始まり終わったのである。

／「ある愛の詩」（米）
〔テレビ〕「スター誕生！」「仮面ライダー」
〔書籍〕「二十歳の原点」高野悦子／「ノンノ」創刊
〔CM〕「ガンバラなくっちゃ」（中外製薬）
〔世相〕脱サラ／ニアミス／シラケ／ヘドロ／Tシャツ、ジーパン、パンタロン
1月：深夜放送に人気　4月：米国 対中接近　5月：大久保清逮捕　6月：沖縄返還協定調印　7月：環境庁発足　8月：ドル・ショック　9月：ゴミ戦争宣言　10月：ノーカーデー実施　NHKテレビ 全カラー化
中国国連復帰

昭和47年

日中国交回復、浅間山荘事件、土地投機現象

喝采

吉田 旺詞／中村泰士作曲／ちあきなおみ歌

いつものように　幕が開き
恋の歌　うたう私に
届いた報せは
黒いふちどりがありました
あれは三年前
止めるあなた駅に残し
動き始めた汽車に
ひとり飛びのった
ひなびた町の　昼下がり
教会の前にたたずみ
喪服の私は
祈る言葉さえ失くしてた

つたがからまる　白い壁
細いかげ　長く落として
ひとりの私は
こぼす涙さえ忘れてた
暗い待合室
話すひともない私の
耳に私の歌が
通りすぎてゆく
いつものように　幕が開く
降りそそぐ　ライトのその中
それでも私は
今日も恋の歌　うたってる

ちあきなおみは米軍キャンプ、ジャズ喫茶やキャバレーで歌ったり、演歌歌手としての修行をしたり、10代はドサ回りで前座歌手も務めた。やがてコロムビアのオーディションを受け、作曲家鈴木淳の元でレッスンを受ける。

昭和44年（1969）「雨に濡れた慕情」で歌手デビュー。翌年に「四つのお願い」や「X+Y=LOVE」がヒットし人気歌手となる。その頃のアイドル路線でも、聴き手をしっとりと引き込む色気を発露していた。

いつものように幕が開き
恋の歌うたう私に
届いた報せは
黒いふちどりがありました

このように始まる「喝采」は昭和47年（1972）第14回日本レコード大賞を受賞し、80万枚を売り上げる大ヒットとなる。この曲は当時、ちあきの実体験を元にして作詞されたとされたが、実は全くのフィクションであったという。「喝采」、「劇場」、「夜間飛行」などの楽曲は、歌詞内容や情景から「ドラマチック歌謡」といわれた。

〔出来事〕密林で暮らしていた横井庄一元軍曹が、グアム島で発見された。9月には日中国交回復。浅間山荘で連合赤軍が篭城し、人質救出。事件後に山中で次々と死体が発見された。新首相田中角栄は『日本列島改造論』構想を発表、土地投機現象を惹き起こさせた。

〔流行歌〕「結婚しようよ」「旅の宿」吉田拓郎／「女のみち」ぴんからトリオ／「学生街の喫茶店」ガロ／「せんせい」森昌子／「男の子女の子」郷ひろみ／「ひなげしの花」アグネスチャン

〔映画〕「忍ぶ川」（熊井啓 監督）／「ゴッドファーザー」（米）

彼女は受賞後も、「夜間飛行」、「円舞曲」などのポップス系ヒット曲を発表する一方、演歌では本人の希望で、「さだめ川」、「酒場川」「矢切の渡し」、さらに「紅とんぼ」など船村徹の作品を多く歌った。

また、ニューミュージックのアーティストから楽曲提供を受け、「ルージュ」、「夜へ急ぐ人」、「あまぐも」、「伝わりますか」などを吹き込んだ。さらにシャンソン、スタンダード・ジャズなど、幅広いジャンルの歌も歌った。

ちあきなおみが歌ったものに、駄曲は一つもない。十代からの下積みを重ねた経験のうえに成り立った天性の声には、誰もが舌を巻くものがある。

とりわけ「紅とんぼ」などは余情切々たるもので余人を寄せ付けない。さらに「かもめの街」は文字通り絶唱というにふさわしい。競演曲も「矢切の渡し」「黄昏のビギン」そして「星影の小径」などがあるが、それらは他演を凌駕した歌唱力を誇っている。

しかし彼女は最愛の夫君と死別後、一切の活動を休止するに至っている。残念だ。

〔テレビ〕「木枯し紋次郎」

〔書籍〕「恍惚の人」有吉佐和子／「ベルサイユのばら」池田理代子／「子連れ狼」小池一夫

〔世相〕恥ずかしながら／SLブーム／三角大福／総括／あっしにはかかわりのねえことでござんす

1月：横井庄一元日本兵、グアム島で発見　2月：札幌で冬季五輪　浅間山荘事件　米中共同声明　5月：沖縄県本土復帰　6月：『日本列島改造論』で土地ブーム　中ピ連結成　ウォーターゲート事件　7月：田中内閣成立　8月：電卓発売　9月：日中国交樹立　10月：上野動物園、パンダ初公開　11月：岡田嘉子帰国

昭和48年

オイルショックによる狂乱物価

神田川

喜多条忠作詞／南こうせつ作曲／南こうせつとかぐや姫歌

貴方は　もう忘れたかしら
赤い手拭　マフラーにして
二人で行った　横丁の風呂屋
一緒に出ようねって　言ったのに
いつも私が　待たされた
洗い髪が芯まで　冷えて
小さな石鹸　カタカタ鳴った
貴方は私の　身体を抱いて
冷たいねって　言ったのよ
若かったあの頃　何も恐くなかった
ただ貴方のやさしさが　恐かった

貴方は　もう捨てたのかしら
二十四色の　クレパス買って
貴方が描いた　私の似顔絵
巧く描いてねって　言ったのに
いつもちっとも　似てないの
窓の下には　神田川
三畳一間の　小さな下宿
貴方は私の　指先見つめ
悲しいかいって　きいたのよ
若かったあの頃　何も恐くなかった
ただ貴方のやさしさが　恐かった

南こうせつが「全日本歌謡選手権」に出場しようとしたとき、審査員をしていた竹中労から「フォークをやるならこの番組に出るな」と言われたとのことである。それほど異端視されていたフォークを歌謡曲のなかに文句なく位置付けた最初こそ、この「神田川」であったといえよう。

この曲が歌謡番組でベストランク入りしたとき、たしか水原弘であったか「こんななよなよした曲が――」と慨嘆したと記憶する。だが政治運動が挫折の季節を迎え、すべてに意欲を喪失し、閉塞感におおわれていた当時の若者の気分に、この曲は圧倒的に迎えられたのであろう。

同棲中の男女のひそやかな世界をうたったこの曲は、たしかにあまりにも狭く後ろ向きであったが、しかしそうしたマイナーな曲調を明るい声調の南こうせつがさわやかに歌い抜いたところに成功がある。

そして彼に、翌年にも「赤ちょうちん」「妹」と立て続けに提供し、南のソロ歌手としての地位を高めたのは、喜多条忠の詞の力が決定的に与ったことはいうまでもな

〔出来事〕
過剰状態となった通貨は株式・土地投資に流れ、土地買占めが激化。地価は30％UPとなり、卸売物価上昇も受けて消費者物価も14％UPという異常な高騰となった。
そして中東戦争による石油危機が到来。原油価格引上げも重なってインフレが日本全土を覆い、10年余も続いた高度成長に急激なブレーキをかけた。
〔流行歌〕「心の旅」チューリップ／「ジョニィへの伝言」ペドロ&カプリシャス／「夢の中へ」井上陽水／「コーヒーショップ」あべ静江／「街の灯り」堺正章／「あなた」小坂明子
〔映画〕「仁義なき戦い」（深作

い。

　だがこの歌は、同時期を過ごした若者たちだけに当てはまるものではない。

若かったあの頃
何も恐くなかった
ただ貴方のやさしさが
恐かった

　誰もが通過したであろうこの時期を振り返ったとき、「横丁の風呂屋」「二十四色のクレパス」「三畳一間の小さな下宿」——等々の詞句と相まって、やわらかな青春期が確かにあったことを甘酸っぱく思い出させるのである。

　詞人喜多条は、翌年「赤ちょうちん」で、「神田川」に登場したカップルの生態をさらに進め、この二人の生活が破綻したところまで進めた。

　一方、歌人南の存在は、昭和53年（1978）の「夢一夜」で確かなものに結実している。

　喜多条・南の同棲ものは、同時期の「同棲時代」のヒットと相まって、若者の同棲生活へのあこがれを喚起させたという社会現象をもたらした意味からも、エポックメイキングな作品であった。

欣二監督）
〔テレビ〕「刑事コロンボ」／「子連れ狼」
〔書籍〕「日本沈没」小松左京／「ノストラダムスの大予言」五島勉
〔世相〕オイルショック／省エネ／じっと我慢の子であった／ちょっとだけよ／ディスカバー・ジャパン
1月：ベトナム和平協定調印　2月：変動相場制に移行　5月：ハイセイコー、10連勝　8月：金大中事件　9月：自衛隊違憲判決　10月：石油ショックで買いだめ客殺到　12月：物価急上昇　大洋デパート火災

昭和49年　マイナス成長から土地高騰へ

ひと夏の経験

千家和也作詞／都倉俊一作曲／山口百恵歌

あなたに女の子の一番
大切なものをあげるわ
小さな胸の奥にしまった
大切なものをあげるわ
愛する人に 捧げるため
守ってきたのよ
汚れてもいい 泣いてもいい
愛は尊いわー
誰でも一度だけ 経験するのよ
誘惑の甘い罠

あなたに女の子の一番
大切なものをあげるわ
綺麗な泪色に輝く
大切なものをあげるわ
愛する人が 喜ぶなら
それで倖せよ
こわれてもいい 捨ててもいい
愛は尊いわー
誰でも一度だけ 経験するのよ
誘惑の甘い罠

どれほど実力があっても花開くことなく埋没していく芸能人は数知れない。逆に周囲の戦略によって、本人の力以上の名声を勝ち得るケースもある。

山口百恵はその典型で、「青い果実」「ひと夏の経験」など、幼い少女が性行為を思わせる際どい内容を歌う〝性典ソング〟が大当たりをとった。

あなたに女の子の一番
大切なものをあげるわ
愛する人に 捧げるため
守ってきたのよ

こうした大胆な歌詞は、ひところならたちまちNGとなるところだが、それをあえて歌わせた制作側の戦略によって百恵はいち早くトップスターになった。ここから生まれる背徳感は、それをモノともしない冷静なイメージがあったればこそ活きたことを見るべきであろう。

さらには、彼女の何があっても動じないイメージは本人の資質とみえることである。これより後に出た中森明菜も「少女A」で類似の様相を示したが、二曲目以降はたちまち可憐な女子になってしまう

〔出来事〕

戦後初めてマイナス成長に転じた日本では、不景気風が吹き始める。

狂乱物価は前年から続き、その最たるものが土地価格で、長者番付の上位には土地高騰による成金がズラリと並んだ。

「なにかまともな価値基準が狂ってしまった」という感じを表象するかのように、土地は庶民にはとても手の届かぬ高嶺の花となり、「欧州ならお城が買える」とさえ言われた。

〔流行歌〕「うそ」中条きよし／「襟裳岬」森進一／「二人でお酒を」梓みちよ／「精霊流し」グレープ／「結婚するって本当ですか」ダ・カーポ／「昭和枯

のだが、百恵はどこまでもこの路線を走った。

彼女はその後映画やテレビで女優としても活動する。しかし本命はやはり歌で、昭和51年（１９７６）「横須賀ストーリー」で新境地を開いて以来、阿木燿子・宇崎竜童のコンビで続々とヒットを飛ばした。

これらのうちでも、例えば「プレイバックＰａｒｔⅡ」などでは、男を突き放して平然とする女性を歌っており、これは先の「青い性」路線と重なり合うものである。

引退まで歌う宇崎夫妻の作品は、大ヒットの連続で、百恵の世界を決定的に形作った。指名したのは、周囲のスタッフではなく百恵本人だったという。

彼女の生い立ちは複雑なものであったようだが、よよと泣き叫ぶ従来のか弱い女性とは対照的であり、そのどこまでもさめた生き方は、昭和54年（１９７９）の観衆を前にした突然の恋人宣言に結実している。21歳で引退し、わずか7年半で70年代最大のレコードを売り上げた現象自体が、芸能界に対しての人をくった存在といえるだろう。

れすすき」さくらと一郎
〔映画〕「砂の器」（野村芳太郎監督）／「エクソシスト」（米）
〔舞台〕「ベルサイユのばら」（宝塚）
〔テレビ〕「宇宙戦艦ヤマト」／「寺内貫太郎一家」
〔書籍〕「かもめのジョナサン」リチャード・バック
〔世相〕便乗値上げ／狂乱物価／金脈／ストリーキング／青天のヘキレキ／マイナス成長／超能力ブーム
3月：小野田元少尉、ルバング島で救出　5月：空前の地価上昇　8月：ニクソン米大統領辞任　10月：佐藤栄作ノーベル平和賞受賞　長島茂雄引退　12月：三木内閣成立

昭和50年　狂乱インフレの反動による世界同時不況

シクラメンのかほり

小椋佳作詞／小椋佳作曲／布施明歌

真綿色したシクラメンほど
清しいものはない
出逢いの時の君のようです
ためらいがちにかけた言葉に
驚いたように　ふりむく君に
季節が頬をそめて　過ぎてゆきました

うす紅色のシクラメンほど
まぶしいものはない
恋する時の君のようです
木もれ陽あびた君を抱けば
淋しささえも　おきざりにして
愛がいつのまにか　歩き始めました
疲れを知らない　子供のように
時が二人を追い越してゆく
呼び戻すことができるなら
僕は何を惜しむだろう

うす紫のシクラメンほど
淋しいものはない
後ろ姿の君のようです
暮れ惑う街の別れ道には
シクラメンのかほり
むなしくゆれて
季節が知らん顔して
過ぎてゆきました
疲れを知らない　子供のように
時が二人を追い越してゆく
呼び戻すことができるなら
僕は何を惜しむだろう

どの分野でも二足のワラジで成功する人はいるが、小椋佳のように歌謡界でそれを貫徹させた例は少ない。彼は、大銀行の役職を歴任する傍らで音楽活動を行ってきた。

昭和46年（1971）、歌手デビュー。

当初のフォークソングやニューミュージックから、次第にジャンルを広げ、その中仕切りとして、初コンサートを昭和51年（1976）10月、NHKホールで行った。平成5年（1993）、銀行を退職する。

他の歌手への提供曲も多く、昭和50年（1975）の「シクラメンのかほり」（布施明）は第17回日本レコード大賞を受賞した。その他、「俺たちの旅」（中村雅俊）、「愛燦燦」（美空ひばり）、「夢芝居」（梅沢富美男）、「十六夜だより」（三橋美智也）、「泣かせて」（研ナオコ）などがある。ほかに作詞も手掛けている。

このように彼は銀行マンとして勤務する傍らで音楽活動を行い、ニューミュージックなどで確固たる地位を占めた。その生き方自体が多くの支持を集めたうえ、彼のやさしくソフトな歌いぶりも特に

〔出来事〕
ベトナムでは首都サイゴンが陥落し、30年間にわたる戦争は終った。

「金権選挙」の批判で田中内閣が退陣。代わって三木内閣が成立し、経済成長を安定成長政策へ転換した。生活保守主義が台頭し、国労の〈スト権スト〉が失敗に終ると、労働組合の後退が目立った。

〔流行歌〕「昔の名前で出ています」小林旭／「港のヨーコ・ヨコハマ・ヨコスカ」ダウンタウン・ブギウギ・バンド／「心のこり」細川たかし／「いちご白書をもう一度」バンバン／「なごり雪」イルカ／「およげ！たいやきくん」子門真人／「北の

女性のファンを得た。そして「シクラメンのかほり」を筆頭に、歌謡界の大御所に次々と曲を提供することで、作曲家として大成していった。

しかし彼の本命は、やはり歌であった。代表的な佳曲としては昭和46年（1971）「しおさいの詩」「さらば青春」「六月の雨」「春の雨はやさしいはずなのに」、昭和49年（1974）「白い一日」「少しは私に愛を下さい」、50年「めまい」、51年「揺れるまなざし」などが挙げられよう。

留意すべきはここに挙げたものは、彼の在職中のものであることである。それも仕事の副業として歌ってきた声そのものに、プロとは異なる遠慮深さ、恥じらいが感じられ、そうした素人っぽさが大きな魅力であった。

小椋佳は、退職して縦横に活動できる条件を得て、以降は、かえって彼自身が歌ったヒットはなく、成果は前述したような作曲面に絞られている。

このことは、アマチュアなればこそプロにない良質さが発揮されるという意味で、考えさせられるものを含んでいる。

宿から」都はるみ／「時代」中島みゆき

〔映画〕「タワーリング・インフェルノ」「ジョーズ」（米）

〔テレビ〕「欽ちゃんのドンとやってみよう！」

〔書籍〕「火宅の人」壇一雄／「複合汚染」有吉佐和子

〔CM〕「ワタシつくる人 ボク食べる人」

〔世相〕赤ヘル／乱塾／アンタあの娘のなんなのさ／中ピ連

3月：新幹線、岡山―博多間開業　4月：南ベトナム、サイゴン政府降伏　7月：沖縄海洋博開催　9月：天皇・皇后、初の訪米　11月：第1回先進国首脳会議〈スト権スト〉突入　12月：国鉄、SL最終運転

昭和51年　ロッキード事件に揺れる政界

青春時代

阿久 悠作詞／森田公一作曲／森田公一とトップギャラン歌

卒業までの　半年で
答えを出すと　言うけれど
二人が暮らした　歳月を
何で計れば　いいのだろう
青春時代が　夢なんて
あとからほのぼの　思うもの
青春時代の　まん中は
道にまよって　いるばかり

二人はもはや　美しい
季節を生きて　しまったか
あなたは少女の　時を過ぎ
愛にかなしむ　女になる
青春時代が　夢なんて
あとからほのぼの　思うもの
青春時代の　まん中は
胸にとげさす　ことばかり

青春時代が　夢なんて
あとからほのぼの　思うもの
青春時代の　まん中は
胸に刺《とげ》さす　ことばかり

森田公一の歌ったものはこの「青春時代」だけとさえいえるが、これは昭和51年（1976）を代表する歌となっている。むろんそれは、何よりもヒットメーカー阿久悠の秀逸な歌詞にある。

青春時代が夢なんて
あとからほのぼの思うもの
青春時代のまん中は
道にまよっているばかり

青春を謳歌するとか、二度とない青春とか、青春賛歌の偽善性を、この歌詞はみごとに切って捨てた。そして、

青春時代が夢なんて
あとからほのぼの思うもの
青春時代のまん中は
胸にとげさすことばかり

このように青春の謳歌なぞでなく、この歌詞通りだと共感する若者の方がはるかに多いのではなかろうか。この曲が、いまはエバーグリーンとなっているのがその証左である。そして、この歌は曲をつくった森田自身が歌ったが、彼のハスキーがかった声がまた一層親近感をもたせた。

このほろ苦い青春歌謡の対

〔出来事〕戦争が終結して南北ベトナムが統一される一方、中国では天安門事件が起こり、権力中枢にあった四人組が逮捕された。国内ではロッキード事件が発覚し、田中前首相の逮捕という激震が走った。騒然としたなかでの五つ子の誕生は、世をなごませるニュースであった。
〔流行歌〕「春一番」キャンディーズ／「ビューティフル・サンデー」田中星児／「横須賀ストーリー」山口百恵／「山口さんちのツトム君」川橋啓史／「ペッパー警部」ピンク・レディー／「あばよ」研ナオコ／
〔映画〕「犬神家の一族」（市川

極にあるのが、ペギー葉山の歌った「学生時代」(昭和39年)であろう（平岡精二詞・曲)。

つたのからまる
チャペルで
祈りを捧げた日
夢多かりしあの頃の
思い出をたどれば
テニス・コート
キャンプ・ファイヤー
なつかしい日々は帰らず
素晴らしいあの頃
学生時代

これはミッション系の女子大生が、過ぎ去った青春を顧みた乙女チックな歌とみられる。

この頃の日本は、東京オリンピック、新幹線開通などで夢いっぱいの時期であった。

対してこの「青春時代」は、苦渋に満ちた内容で、日本経済が傾斜し始めた時期の反映であろうか、先行き不透明な雰囲気である。「学生時代」と違い、いまは社会人となった旧友らが、居酒屋で肩を組んで放吟する中年男たちを思わせる。

前者が甘酸っぱい青春賛歌なのに対し、後者はほろ苦い青春総括であるといえよう。

崑監督)／「愛のコリーダ」(大島渚 監督)
〔テレビ〕「徹子の部屋」
〔書籍〕「人間の証明」森村誠一／「翔ぶが如く」司馬遼太郎／「不毛地帯」山崎豊子
〔世相〕ジョギングブーム／記憶にございません／灰色高官／ピーナッツ
1月：五つ子誕生　2月：ロッキード事件　4月：天安門事件　6月：新自由クラブ結成　7月：南北ベトナム統一　田中前首相逮捕　10月：中国、四人組逮捕　11月：防衛費ＧＮＰ1％以内決定　天皇在位50年式典

昭和52年
産業界の過剰設備、企業倒産、失業者の増大

津軽海峡・冬景色

阿久 悠作詞／三木たかし作曲／石川さゆり歌

上野発の夜行列車
おりた時から
青森駅は　雪の中
北へ帰る人の群れは
誰も無口で
海鳴りだけをきいている
私もひとり連絡船に乗り
こごえそうな鴎《かもめ》見つめ
泣いていました
ああ　津軽海峡・冬景色

ごらんあれが竜飛岬《たっぴみさき》
北のはずれと
見知らぬ人が　指をさす
息でくもる窓のガラス
ふいてみたけど
はるかにかすみ見えるだけ
さよならあなた私は帰ります
風の音が胸をゆする
泣けとばかりに
ああ　津軽海峡・冬景色

さよならあなた
私は帰ります
風の音が胸をゆする
泣けとばかりに
ああ　津軽海峡・冬景色

石川さゆりは日本を代表する演歌歌手ながら、当初アイドルとして出発した点では、森昌子、長山洋子と同じである。そのためか彼女らの歌声はとろけるような甘さがあり、それがいわゆるド演歌歌手のどろくささを救うことになっている。

石川さゆりはそれが顕著であるが、「津軽海峡・冬景色」の大ヒットはむろんそれゆえではない。

この歌にしても、続く「能登半島」にしても、それらは荒涼とした北国に身を置き、寒さに耐え抜かねばならぬ失恋女性の傷心を、阿久悠の歌詞が執拗に綴っていること、それをまた、さゆりは弱々しくそっと歌うのでなく、甘い歌声でブレンドしつつダイナミックに歌っていることが成功の要因である。

この歌は前述のとおり、女性の失恋をいやす旅程を歌ったものであるが、この題材を扱った歌謡曲は、早く「女ひとり」①(デュークエイセス)、「京のにわか雨」②（小柳ルミ子）などがある。

また演歌では「女…ひとり旅」③（田川寿美)、「女泣き砂日本海」④(川中美幸)、「女

〔出来事〕
石油危機以降3年目を迎えたこの年、EC諸国やアメリカからは黒字国日本に対する非難が高まる。しかし、わが国の産業界は高度成長期の過剰設備に苦しみ輸出に頼る状態で、企業倒産、完全失業者が増大した。

だが、この昭和30年代に次ぐといわれた不況下でも、音楽業界は活況を呈した。

〔流行歌〕「雨やどり」さだまさし／「あずさ2号」狩人／「北国の春」千昌夫／「勝手にしやがれ」沢田研二／「そんな女のひとりごと」増位山太志郎／「ウォンテッド」ピンク・レディー／「わかれうた」中島みゆき／「迷い道」渡辺真知子

人高野」⑤（田川寿美）などがある。

その旅先をどこに定めるかが、そのイメージを際立たせるキーポイントである。
①②ではそれが京都で、設定自体がしっとりした日本調に包まれて完結している。
一方③④⑤での舞台は、海山となっている。都会から山野に一転するのであるが、「津軽海峡・冬景色」で、詞人・阿久は歌い手をはるか凍てつく海峡へ牽引した。

ここに、これまでとはかけ離れた世界に身を置く旅人の姿がある。

上野発の夜行列車
おりたときから
青森駅は雪の中

このフレーズは「トンネルを抜けると雪国であった」という川端康成の名作『雪国』の出だしと酷似するが、「北へ帰る人の群れはみんな無口で」という徹底した陰鬱さからして演歌の世界である。

しかしかかる傷心の女心を、さゆりはてらいなく堂々と歌ったところに、演歌の新たな境地を創り上げたといえよう。

〔映画〕「八甲田山」（森谷司郎監督）／「宇宙戦艦ヤマト」（桝田利雄 監督）／「ロッキー」（米）
〔書籍〕「事件」大岡昇平／「ゴヤ」堀田善衛／「ルーツ」アレックス・ヘイリー
〔世相〕平均寿命世界一に／カラオケ／翔んでる／普通の女の子に戻りたい／たたりじゃー
1月：覚せい剤取締りで芸能人多数検挙　5月：海洋2法制定
6月：樋口久子、全米女子プロゴルフで初優勝　7月：都議選で与野党逆転　8月：中国、新党規約決定　9月：王貞治、本塁打世界記録樹立　9月：日本赤軍、ハイジャック

勝手にシンドバッド

桑田佳祐作詞／桑田佳祐作曲／サザン・オールスターズ歌

昭和53年

輸出減・輸入増による円高倒産多発

ラララ…ラララ…
砂まじりの茅ヶ崎 人も波も消えて
夏の日の思い出は
ちょいと瞳の中に消えたほどに
それにしても涙が
止まらないどうしよう
うぶな女みたいに
ちょっと今夜は熱く胸焦がす
※さっきまで俺ひとり
あんた思い出してた時
シャイなハートにルージュの色が
ただ浮かぶ
好きにならずにいられない
お目にかかれて
今何時？ そうねだいたいね

今何時？ ちょっと待ってて
今何時？ まだ早い
不思議なものね あんたを見れば
胸さわぎの腰つき
胸さわぎの腰つき
胸さわぎの腰つき※
いつになれば湘南
恋人に逢えるのおたがいに身を寄せて
いっちまうような瞳からませて
江ノ島が見えてきた 俺の家も近い
行きずりの女なんて
夢を見るように忘れてしまう
（※くり返し）
心なしか今夜 波の音がしたわ　男心誘う
胸さわぎの腰つき…

サザンオールスターズのリーダー桑田佳祐はシンガーソングライターで、「勝手にシンドバッド」でメジャーデビューした。

この世界に限らぬことだが、長くに残る作品はどれも、登場したときは相当なインパクトを与えている。この「勝手に～」が出たときは、誰もが面食らってしまった。

まずタイトルからして「勝手に」の次に「シンドバット」とつなげるのが意味不明であって、歌詞のなかのどこにもそれが見当たらない。そして始まる湘南の海辺を謳歌する若者らの問答――「いま何時？」「そうね、だいたいねえー」も意表をつく。

ほとんど脈絡のとれない歌に戸惑いながら聞き進むうち、三番で「江ノ島が見えてきた」「俺の家ももう近い」でようやく聴き手はホッと安心するのである。

桑田の早口の歌い方も戸惑う。歌詞が判らないとの苦情に対応するため、テレビ局がテロップ表示を行ったとのことである。

彼らの曲作りは、ほとんど曲が先である。仮歌段階でその語感を崩さない言葉を選ぶ

〔出来事〕先進国で唯一黒字続きの日本への非難は円高相場をもたらす一方、世界的なドル安も1ドル200円という円相場切り上げとなる。円高による倒産は中小輸出産業や地場産業に多発。構造不況業種を中心に人員削減・解雇など合理化が推進された。不透明な経済の動向は政治・世相に投影され、いかなる評者の予測も外れていったこの時代がガルブレイスの著書「不確実性の時代」を流行語にさせた。

〔流行歌〕「夢追い酒」渥美二郎／「与作」北島三郎／「サウスポー」ピンク・レディー／「Mr・サマータイム」サーカス／「時間よ止まれ」矢沢永吉／

ため、間違いや意味不明が指摘される。

これは文章の正確さよりも、語呂の良さ・符割などを優先させるためで、メロディーに合う言葉がないなら造語さえいとわないという。

こうした歌い方、曲作りなどで終始とりとめない様子を思わせながら、その実、歌謡曲の定式を提示している安心感がある。ロック調のなかに旧来の歌謡色を織り込んだところに、このバンドの優れた妙味がある。

彼らの代表曲としては、その後出された「いとしのエリー」がきまって挙げられるのだが、これは旧態依然の歌謡曲でサザン色はない。これと類似した「チャコの海岸物語」にしても、これらはロック一色についていけぬ聴衆の意向を反映している。

しかしサザンはその後「みんなのうた」「エロティカ・セブン」で、時の風潮を痛烈に皮肉った歌も時折発表している。

彼らが驚くほど長きにわたって支持を得ているのも、そうした新しさに、たえず目を向けていることの証しであろう。

「飛んでイスタンブール」庄野真代／「青葉城恋唄」さとう宗幸／「いい日旅立ち」山口百恵
〔映画〕「事件」（野村芳太郎 監督）／「スター・ウォーズ」「サタデー・ナイト・フィーバー」（米）
〔書籍〕「野生の証明」森村誠一
〔世相〕ディスコ／サラ金／ナンチャッテ／窓ぎわ族／家庭内暴力
3月：原宿に竹の子族　4月：キャンディーズ解散　5月：成田空港開港　6月：水不足深刻化　ベトナム、カンボジア侵攻
8月：日中友好条約　11月：巨人、江川契約で球界混乱、日米防衛協力指針(ガイドライン)決定　12月：米中国交正常化

昭和54年

"ウサギ小屋"――経済実力と民衆生活の落差

舟唄

阿久 悠作詞／浜 圭介作曲／八代亜紀歌

お酒はぬるめの 燗がいい
肴はあぶった イカでいい
女は無口な ひとがいい
灯りはぼんやり 灯りゃいい
しみじみ飲めば しみじみと
想い出だけが 行き過ぎる
涙がポロリと こぼれたら
歌いだすのさ 舟唄を

沖の鴎に深酒させてヨ
いとしのあの娘とヨ 朝寝する
ダンチョネ

店には飾りが ないがいい
窓から港が 見えりゃいい
はやりの歌など なくていい
時々霧笛が 鳴ればいい
ほろほろ飲めば ほろほろと
心がすすり 泣いている
あの頃あの娘を 思ったら
歌いだすのさ 舟唄を

ぽつぽつ飲めば ぽつぽつと
未練が胸に 舞い戻る
夜ふけてさびしく なったなら
歌いだすのさ 舟唄を

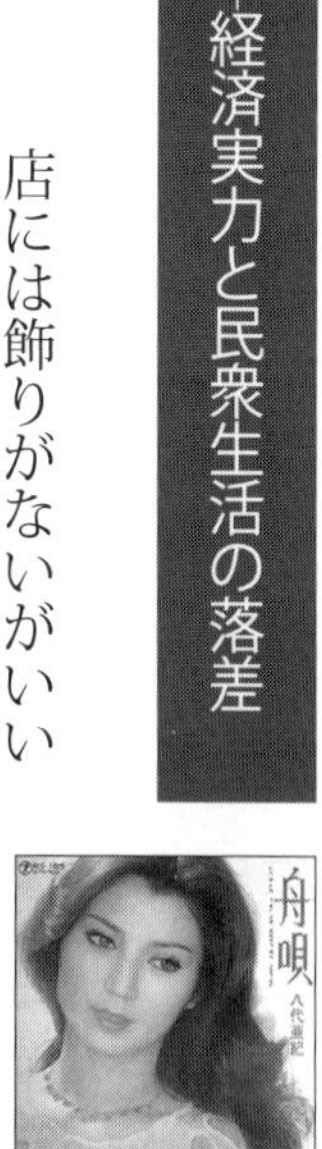

八代亜紀は、昭和46年（1971）にテイチクより「愛は死んでも」でデビュー。昭和48年（1973）の「なみだ恋」を皮切りに「しのび恋」「愛ひとすじ」「おんなの夢」「ともしび」「花水仙」「もう一度逢いたい」「おんな港町」「愛の終着駅」等々、女心を歌った歌でヒット曲を連発した。

八代亜紀は「トラック野郎の女神」として絶大な支持を得て、「八代観音」と呼ばれた。たしかに彼女には、飲み屋にたむろする男たちを睥睨する粋なアネゴといったイメージがある。同時にそこで歌われるのは、しなだれかからずにはいない女心の数々で、荒くれた男たちの気をたぎらせる吸引力をもっていた。

だが昭和54年（1979）に提供された「舟唄」は一転した男歌で、彼女は新たな境地を切り拓くことになった。

この大ヒットの要因は、何よりもまず阿久悠の歌詞にある。――「肴はあぶったイカでいい」「女は無口な方がいい」――のっけに飛び込むこの詞句で、聴き手はまず打ちのめされる。これはうらぶれた港町の酒場のカウンターに

〔出来事〕この年開かれた東京サミットにカーター米大統領が来日したことは、日本が欧米諸国と対等の地位に来たと胸を張る出来事だった。だがその裏側では「日本はウサギ小屋に住んでいる」という文書が流布されるなど、日本の経済力と民衆生活の隔絶が暴露されて、経済成長に走る日本に見せかけの繁栄への見直しを迫るものだった。

〔流行歌〕「おもいで酒」小林幸子／「YOUNG MAN」西城秀樹／「魅せられて」ジュディ・オング／「いとしのエリー」サザン・オールスターズ／「関白宣言」さだまさし／「異邦人」久

もたれた、疲れた男のうめきそのものである。これによって八代歌謡の聴き手はもはや運ちゃんでなく、世の疲弊した男性一般の共感を得るに至った。

翌年の「雨の慕情」では日本レコード大賞を獲得。これら2曲は「港町絶唱」と共に阿久悠、浜圭介、竜崎孝路のコンビによる「哀憐三部作」とされ、八代は紅白では2年連続大トリを務めて〝演歌の女王〟と称された。

その後八代は、平成2年（1990）に「花（ブーケ）束」というポップス調のバラードも出してファン層を拡げ、平成12年（2000）にはジャズアルバムを出して、海外にも進出している。

こうした幅広い活動は、底に染み入りかつ響き渡るその声の、たしかに歌謡曲という枠にとどまらぬスケールのなせる業である。

しかしそうした多彩ぶりを発揮して芸域を拡げるに伴い、かつて支持されてきた庶民性が喪失していくのも争えない。

今後八代は、「演歌の女王」との併存の可能性が問われることになろう。

保田早紀／「贈る言葉」海援隊

〔映画〕「復讐するは我にあり」（今村昌平 監督）／「旅芸人の記録」（ギリシャ）

〔テレビ〕「3年B組金八先生」

〔書籍〕「食卓のない家」円地文子／「子午線の祀り」木下順二／「昭和萬葉集」（講談社）

〔世相〕ウサギ小屋／ワンパターン／夕暮れ族／エガワる／インベーダー／ナウい／ダサい

1月：第二次石油ショック　2月：イラン革命　3月：スリーマイル島原発事故　6月：元号法制化　東京サミット開催　米ソSALTⅡ条約調印　11月：東京国際女子マラソン　12月：ソ連軍アフガンへ侵攻

昭和55年

再び石油危機を乗り切るも〝五無主義〟の蔓延

昴

谷村新司作詞／谷村新司作曲／谷村新司歌

目を閉じて何も見えず
哀しくて目を開ければ
荒野《こうや》に向かう道より
ほかに見えるものはなし
嗚呼《ああ》　砕け散る
運命《さだめ》の星たちよ
せめて密《ひそ》やかに
この身を照らせよ
我は行く
蒼白《あおじろ》き頬のままで
我は行く　さらば昴よ

呼吸《いき》をすれば胸の中
凩《こがらし》は吹《な》き続ける
されど我が胸は熱く
夢を追い続けるなり
嗚呼　さんざめく
名も無き星たちよ
せめて鮮やかに
その身を終われよ
我も行く
心の命ずるままに
我も行く　さらば昴よ

嗚呼　いつの日か
誰かがこの道を
嗚呼　いつの日か
誰かがこの道を
我は行く
蒼白き頬のままで
我は行く　さらば昴よ
我は行く　さらば昴よ

谷村新司は高校在学中にフォークグループを結成していたが、昭和46年（1971）、ボーカルの堀内孝雄、ドラマーの矢沢透と「アリス」を結成した。

翌年には「走っておいで恋人よ」でデビューするが、当初は地道なライブ活動を続けていた。

しかし、そんなアリスは昭和50年（1975）「今はもう誰も」を契機に、「冬の稲妻」「涙の誓い」「ジョニーの子守唄」「チャンピオン」「狂った果実」等々のヒットを連発した。

昭和53年（1978）には、日本人アーティストとして初めてとなる日本武道館3日間公演を成功させ、一時代を築いた。

その後はソロ活動も開始し、堀内は演歌に進むが、谷村はアルバムやシングル制作、他の歌手（山口百恵「いい日旅立ち」など）への楽曲提供を行う。

そのなかで昭和54年（1979）以降「陽はまた昇る」、「昴」、「22歳」などををヒットさせた。

わけても「昴」は、アリスとは異なる音楽世界の到達点

〔出来事〕再びやってきた石油危機に対し、政府と日銀は弾力的経済の運営、財界は労働組合の賃上げ抑制、そして企業は設備投資に取り組むことによって、大過なく乗り切った。どんな壊滅事態でも乗り切ってしまうこの日本人の気質は、逆に弛緩的空気も喚起し、無気力・無責任・無関心・無作法・無感動のいわゆる「五無主義」を蔓延させていった。

〔流行歌〕「ダンシング・オールナイト」もんた&ブラザーズ／「帰ってこいよ」松村和子／「奥飛騨慕情」竜鉄也／「恋人よ」五輪真弓／「みちのくひとり旅」山本譲二

とみなされている。この歌はもともとウィスキーのCMに使われたもので、雄大な中国大陸を背景とした映像がきわめて効果的で評判となった由である。

しかしそうした動機を聞かずとも、この「昴」という題名だけで、聴き手は壮大な宇宙空間に引き込まれる。そして始まりの、

目を閉じて何も見えず
哀しくて目を開ければ

という詞句からすでに、ゴミっぽい世間から無限の宇宙へわが身を飛翔させる気分に覆われる。

次いで、

されど我が胸は熱く
夢を追い続けるなり

というフレーズの結び「〜なり」等々、大仰ともみえる詞句は、キザに踏み込む一歩手前までできている。

よって演歌に近接しているこれらは、てらいなく歌い切ることが求められるわけで、谷村の真摯な個性は、まさにそれに合致したものといえよう。

〔映画〕「影武者」（黒澤明監督）／「クレイマー クレイマー」（米）
〔テレビ〕「シルクロード」
〔書籍〕「折々のうた」大岡信／「神聖喜劇」大西巨人／「蒼い時」山口百恵
〔世相〕校内暴力／漫才ブーム／ビニ本／冷夏／カラスの勝手／それなりに
3月：山口百恵、婚約 5月：韓国、光州事件 6月：衆参ダブル選挙 7月：鈴木内閣発足 モスクワ五輪（日・米・中・西独不参加）9月：イラン・イラク交戦 11月：予備校生、両親を金属バットで撲殺

セーラー服と機関銃

来生えつこ作詞／来生たかお作曲／薬師丸ひろ子歌

さよならは別れの　言葉じゃなくて
再び逢うまでの　遠い約束
夢のいた場所に　未練残しても
心寒いだけさ
このまま何時間でも
抱いていたいけど
ただこのまま　冷たい頬を
あたためたいけど
都会は秒刻みの　あわただしさ
恋もコンクリートの　篭の中
君がめぐり逢う　愛に疲れたら
きっともどっておいで
愛した男たちを　想い出にかえて
いつの日にか　僕のことを
想い出すがいい
ただ心の片隅にでも
小さくメモして

都会は秒刻みの　あわただしさ
恋もコンクリートの　篭の中
君がめぐり逢う　愛に疲れたら
きっともどっておいで
愛した男たちを　想い出にかえて
いつの日にか　僕のことを
想い出すがいい
ただ心の片隅にでも
小さくメモして

この歌は、原曲「夢の途中」を作曲家自身が歌ったものも出ている。しかし原曲とはまったく無関係な映画の題名を付けた「セーラー服と機関銃」の方が、格段に印象付けられるのは、まさにこれを歌った薬師丸ひろ子の存在によるからであろう。

彼女は昭和53年（1978）、映画『野生の証明』でデビューしたが、翌年主演した『セーラー服と機関銃』が大当たりし、デビュー曲のこの主題歌も大ヒットした。この曲は、この映画なしには成り立たなかったのである。

そして再びいうが、そのヒット要因は、映画内容もさることながら、主演の薬師丸ひろ子の存在にあろう。この映画は彼女の生鮮な演技と同時に、その主題歌を歌う抜群の歌唱力を知らしめることになった。

薬師丸の演技力は昭和59年（1984）「Wの悲劇」で開花し、2000年代の「ALWAYS 三丁目の夕日」シリーズにつながった。また歌唱力では「探偵物語」「メイン・テーマ」「Woman〝Wの悲劇〟より」などのヒットが続いた。彼女の歌声は、クリスタル

〔出来事〕赤字を続けてきた日本の国際収支は、この年黒字が増大し、対日貿易赤字に苦しむ欧米の反感を買うほどだった。だが日本経済の好調を下支えした勤労者の実収入は減少が続き、中小企業の業績は低調、農作物は冷害と庶民生活の厳しさは続いた。一方社会的問題も広がり、犯罪事件が多様化するなかで、校内暴力は史上最高になり、警察庁が対策会議をもつに至った。

〔流行歌〕「ルビーの指輪」寺尾聰／「春咲小紅」矢野顕子／「もしもピアノが弾けたなら」西田敏行／「守ってあげたい」松任谷由美／「心の色」中村雅俊／「悪女」中島みゆき

ボイスと称される透明で伸びやかな高音・声質で、かつ歌い方が正統的であり、アイドル歌手とは一線を画している。彼女は、松本隆・大瀧詠一ら一流のスタッフから楽曲を提供されるが、それに応えるだけの実力を有していた。

この「セーラー服と機関銃」に即していえば、

いつの日にか
僕のことを
想い出すがいい
ただ心の片隅にでも
小さくメモして

この最終部で、歌が盛り上がる結び。これは曲づくりの良さもあるが、ここを彼女は情熱的に歌い収めているのが素晴らしい。

とかく周囲の波に呑まれやすい芸能界にあって、薬師丸くらい立ち位置を守っているタレントはまれであろう。

彼女は前記の「ALWAYS 三丁目の夕日」で母親役を演じ、俳優としては青春スターを脱皮したが、歌の方面では今後どのような路線を歩むのかが未知数である。堅実な道を歩んできた彼女だけにその動向が注目される。

〔映画〕「泥の河」（小栗康平 監督）／「エレファント・マン」（米）
〔テレビ〕「北の国から」
〔書籍〕「窓際のトットちゃん」黒柳徹子／「悪魔の飽食」森村誠一／「なんとなくクリスタル」田中康夫
〔世相〕ハチの一刺し／なめんなよ／ブリッ子／熟年／よろしいんじゃないですか
2月：日劇閉館　3月：中国残留日本人孤児、初の正式来日　第二次臨調　神戸でポートピア81開幕　4月：ノーパン喫茶急増　6月：フォークランド紛争　12月：ポーランドで戒厳令（「連帯」弾圧）

昭和57年

国際的な金融不安に市場開放で対応

少女A

売野雅勇作詞／芹澤廣明作曲／中森明菜歌

上目使いに盗んで見ている
蒼いあなたの視線がまぶしいわ
思わせぶりに口びるぬらし
きっかけぐらいは
こっちでつくってあげる
いわゆる普通の17歳だわ
女の子のこと知らなすぎるのあなた
早熟なのはしかたがないけど
似たようなこと 誰でもしているのよ
※じれったい じれったい
何歳に見えても 私 誰でも
じれったい じれったい
私は 私よ 関係ないわ
特別じゃない どこにもいるわ
ワ・タ・シ 少女A

頬づえついて
あなたを想えば
胸の高鳴り 耳があぁ熱いわ
鏡に向って 微笑みつくる
黄昏れ時は少女を大人に変える
素肌と心はひとつじゃないのね
ルージュの口びるかすかに震えてるわ
他人が言うほどドライじゃないの
本当は憶病分かってほしいのあなた
じれったい じれったい
結婚するとか しないとかなら
じれったい じれったい
そんなのどうでも関係ないわ
特別じゃない どこにもいるわ
ワ・タ・シ 少女A （※くりかえし）

年頃の娘がものほしそうな中年男を手玉にとるという図式は、よく扱われる題材である。それは、男は日常生活をこわさない範囲で、女もそれを承知で応じる、互いに一線を越えないという暗黙の掟がある。そのギリギリのところで迫りたい男の願望、女もそれをあしらいながら実は本当の愛を得たい、そうしたさや当てをどこまで真実のドラマに仕上げるかが創作家の手腕である。

こうした構図を、大人に足を踏み入れる年頃の少女の思いとして見事に描いたのが

「少女A」であった。

いわゆる普通の17歳だわ
女の子のこと
知らなすぎるのあなた

きっかけぐらいは
こっちでつくってあげる

その年令も「いわゆる普通の17歳」だが、彼女は迫ろうとしてためらう相手を「きっかけぐらいはこっちでつくってあげる」と完全に主役だ。

他人が言うほど
ドライじゃないの

〔出来事〕欧米の金融引き締め策は世界に高金利をもたらし、景気回復の足かせ、金利支払いの負担増となり、国際的な金融不安があおられた。しかし貿易収支が黒字のわが国は、関税率引き下げなど大幅な市場開放策を決定する羽目になった。国内では、ホテルニュージャパンの火災、日航機の着陸寸前の墜落など、管理体制の甘さが指摘されてきた。
〔流行歌〕「北酒場」細川たかし／「赤道小町ドキッ」山下久美子／「聖母たちのララバイ」岩崎宏美／「待つわ」あみん／「さざんかの宿」大川栄策／「悲しい色やね」上田正樹／「氷雨」

本当は臆病
分かってほしいのあなた

しかしその彼女も実は「他人が言うほどドライじゃない」と、一皮むけば胸のうちはドキドキしているいたいけな少女なのである。

こうした内情をもちながら表向き大胆なそぶりを示す「少女A」という曲を、中森明菜は見事に歌い切って登場した。相手をたじたじとさせるその表情は、山口百恵にもみられるものだが、相手が同期の青年でなく、中森の場合それが中年であるところに独特のリアリティがある。

だが次のシングルはその名も「セカンド・ラブ」で、少女自身が秘匿していた体内のびくつきを白状する。――「少女A」の大人への脱皮である。

しかしこうしたドラマは文字通りの起承転結であり、中森の役目は閉じられる。二強を争った松田聖子が次々と新たな世界を拓いていったのに対し、彼女中森は「北ウィング」「飾りじゃないのよ涙は」「DESIRE―情熱―」などを出すものの、まもなく行き詰まり、不遇な時期を過ごすことになる。

日野美歌、佳山明生
〔映画〕「鬼龍院花子の生涯」(五社英雄 監督)、「蒲田行進曲」(深作欣二 監督)／「E・T」(米)
〔書籍〕「積木くずし」穂積隆信／「気くばりのすすめ」鈴木健二／「別れる理由」小島信夫
〔世相〕エアロビクス／ゲートボール／ルンルン／ネクラ・ネアカ／ロリコン／ほとんどビョーキ
2月：ホテル・ニュージャパンで大火災　日航機、着陸寸前に海面墜落　6月：反核運動頂点に　東北新幹線開業　7月：中国、教科書の歴史記述に抗議
11月：上越新幹線開業

昭和58年
戦後史の大転換――国際情勢の緊張

㋱組のひと

麻生麗二作詞／井上大輔作曲／ラッツ＆スター歌

※いなせだね 夏を連れて来た女
渚まで噂走るよ めッ！
涼し気な 目もと流し目 eye eye eye
粋な事件 起こりそうだぜ めッ！
妖しい Sweet Baby め組のひとだね
お前のニュースで
ビーチは突然パニック
Baby、baby、baby、be my girl
夢中なのさ be my girl
浮気な微笑みに 俺たち気もそぞろ
☆男たちの心 奪うたびにお前
綺麗になってくね…
夏の罪は素敵すぎる （※くりかえし）

小粋だね 髪に飾った花も
細い腰 あわせ揺れるのよ めッ！
ひと夏の 恋を引き込む eye eye eye
気まぐれに 片目閉じるよ めッ！
夏に繰り出した め組のひとだね
今年はお前が渚きってのアイドル
Baby、baby、baby、be my girl
抱きしめたい be my girl
お前が微笑めば すべてが上の空
（☆くりかえし）（※くりかえし）

歌謡曲は当初ラジオで楽しまれたが、昭和30年（1950）にテレビ局が開局し、翌々年に受信契約数が50万を突破してからは様変わりした。それまではひたすら聴かせる力で勝負していた歌手は、衣装や振り付けなど、見せる力も余儀なくされたからである。

そのように意識されたのはいつごろからかと歌謡年表をめくると意外に遅く、キャンディーズ（春一番）やピンク・レディー（ペッパー警部）が登場した昭和51年（1976）あたりである。

こうしたパフォーマンスは、平成に入って派手な衣装で話題をまいた美川憲一や小林幸子の紅白歌合戦にあるが、それはもっぱら派手な衣装に焦点があった。

しかし若者を含めた歌謡ファン全般を対象にしたそういった歌い手は、彼女らの数年後、昭和55年（1980）に現れた10人の音楽バンドのシャネルズであった。

彼らはブラックミュージックの雰囲気を生かすため4人のボーカルが顔を黒く塗り、ドゥーワップを歌った。デビュー曲「ランナウェイ」は

〔出来事〕この年早々の訪米後に「日本列島は不沈空母」と発言して物議をかもした中曾根康弘首相は、続いて「日本は戦後史の大きな転換点」と強調している。国外では、ソ連が領空侵犯の大韓航空機を撃墜し、ラングーンでは爆弾テロが起こるなど、国際情勢は緊迫化。国内では、田中角栄元首相の実刑判決、サラ金や青少年非行が社会問題化するなど、日本社会も諸側面で危機的状況を生んでいた。

〔流行歌〕「矢切の渡し」細川たかし／「時をかける少女」原田知世／「浪花恋しぐれ」都はるみ・岡千秋／「越冬つばめ」森昌子／「釜山港へ帰れ」渥美二

オールディーズ風でミリオンセラーを記録する大ヒットとなった。その後不祥事により彼らは半年間謹慎するが、昭和56年（1981）「街角トワイライト」で復活。翌年一旦活動を休止し、昼は仕事、夜は練習の生活に戻る。

そして昭和58年（1983）、ラッツ＆スターに改名して、そのデビュー曲「め組のひと」が80万枚を売り上げるという大ヒットとなった。この曲はそれまでの黒塗り顔に加え、

いなせだね
夏を連れてきた女
渚まで走るよ　めッ！

この最後の「めッ！」で、両手指によるVサインを「めッ！」と目尻に当てる。そのしぐさが実に効いて、これはテレビでなければ見られないものであった。

むろんこの歌のインパクトは、日本にドゥーワップ・ブームを巻き起こしたスタッフの力である。それと黒塗りの顔と左記のパフォーマンス、そしてアメリカのオールディーズバンドに劣らぬ彼らの重唱のもたらす力といえよう。

郎
〔映画〕「時代屋の女房」（森崎東 監督）、「戦場のメリークリスマス」（大島渚 監督）／「フラッシュダンス」（米）
〔テレビ〕「おしん」「積木くずし」
〔書籍〕「迷走地図」松本清張
〔世相〕不沈空母／いいとも。広げよう…の輪／ニャンニャンする／おしん／フォーカス現象
2月：瀬古利彦、東京マラソン優勝　4月：東京ディズニーランド開園　5月：日本海中部地震　6月：戸塚ヨットスクール生、死亡　8月：アキノフィリピン議員暗殺　9月：ソ連、大韓航空機を撃墜　10月：初の試験官ベビー

桃色吐息

康 珍化作詞／佐藤 隆作曲／高橋真梨子歌

※咲かせて 咲かせて
桃色吐息
あなたに 抱かれて
こぼれる華になる

海の色にそまる ギリシャのワイン
抱かれるたび素肌 夕焼けになる
ふたりして夜に こぎ出すけれど
だれも愛の国を見たことがない
さびしいものは あなたの言葉
異国のひびきに 似て不思議

☆金色 銀色
桃色吐息
きれいと 言われる
時は短すぎて

明かり採りの窓に 月は欠けてく
女たちはそっと ジュモンをかける
愛が遠くへと 行かないように
きらびやかな夢で 縛りつけたい
さよならよりも せつないものは
あなたのやさしさ なぜ？ 不思議

（☆くりかえし）（※くりかえし）

詞・曲・歌で成り立つ歌謡曲で、そのいずれかが秀でるとき聴き手の心は吸引される。高橋真梨子の場合、それは並外れた声であろう。

ペドロ&カプリシャスの二代目ヴォーカルとして昭和48年（1973）「ジョニーへの伝言」「五番街のマリーへ」と立て続けにヒットを飛ばしたが、それらは秀逸な歌詞もさることながら、胸底に染み入る高橋の声によってこそ映えたものであろう。

高橋については二つの触れるべきことがある。

一つは日本テレビ『火曜サスペンス劇場』主題歌として、平成8年（1996）の「ごめんね…」が採用されたことである。

テレビの開局当時のドラマは白黒で平板なつくりであった。それがカラー化されるに伴い、2時間番組が増えて映画と変わらぬ映像となった。

そしてエンディングには主題歌が流れるようになり、視聴者には余韻にひたりつつその主題歌も刻印されてきた。通称「火サス」はそのはしりであり、「ごめんね…」が採用されてドラマともども評判となったようである。

〔出来事〕安保闘争の終息に伴う学生運動は退潮し、労働運動も戦うスローガンを転換。こうした状況下で登場したのが〈ニューアカデミズムの騎手〉たちだった。彼らは、人間は「偏執型」から「分裂型」の時代になったとし、感性によるスタイルの方が理性による主体的決断より確実だとした。これらは無気力に覆われた若者に実感として受容された。こうしたシラケ世代・モラトリアム世代と呼ばれる彼らは文化的イニシアチブを左右し、手軽な文化、軽茶色（カルチャーショック）で確実に増殖していった。

〔流行歌〕「北ウィング」中森明

もう一つは紅白歌合戦である。はじめは辞退していたが、昭和59年（1984）の第35回に初出場した。以来、第54回の2回目ではトリ、第66、67回を経て、5回目ではなんと68歳という最年長出場を果たした。

高橋真梨子の曲はニューミュージック系であるが、紅白でトリをつとめたということは〝正調〟歌謡曲の不毛を表すとともに、その存在を外すことはできない証しといえる。

昭和53年（1978）にソロ歌手となって以降、昭和57年（1982）の「ForYou」を経て昭和59年（1984）に出した「桃色吐息」は、彼女の名を不朽にした。

それは「海の色に染まるギリシャのワイン」「抱かれるたびに　夕焼けになる」といった異国的な雰囲気をもつ歌詞が、題名のダサさをぬぐっており、それを歌う高橋のトーンが仕上げているのである。

幅広いコンサート活動やテレビ主題歌の起用、紅白の連続出場記録などは、彼女の並外れた歌唱力が一目おかれてこそといえるだろう。

菜／「長良川艶歌」五木ひろし／「星屑のステージ」チェッカーズ／「浪花節だよ人生は」細川たかし
〔映画〕「お葬式」（伊丹十三監督）、「麻雀放浪記」（和田誠監督）／「愛と追憶の日々」（米）
〔CM〕エリマキトカゲ（三菱自動車）
〔書籍〕「構造と力」浅田彰、「平凡社 大百科事典」
〔世相〕「普通のおばさんになります」（都はるみ 引退の弁）
5月：防衛費GNP1％見直し
6月：ロス五輪でソ連など不参加　8月：臨時教育審議会発足　9月：全斗喚韓国大統領来日　11月：15年ぶり新札発行

昭和60年

「戦後政治の総決算」――〝新人類〟の出現

セーラー服を脱がさないで

秋元 康作詞／佐藤 準作曲／おニャン子クラブ歌

セーラー服を脱がさないで
今はダメよ 我慢なさって
セーラー服を脱がさないで
嫌よダメよ こんなところじゃ
女の子は いつでも
〝MI-MI-DO-SHI-MA〟
お勉強してるのよ Ah- 毎日
友達より早く エッチをしたいけど
キスから先に進めない 憶病すぎるの
週刊誌みたいな エッチをしたいけど
全てをあげてしまうのは
もったいないから……あげない

セーラー服を脱がさないで
スカートまでまくれちゃうでしょ
セーラー服を脱がさないで
胸のリボン ほどかないでね
男の子はその時 どうなるの？
興味津々 しちゃうのよ Ah- 不思議ね
デートに誘われて
バージンじゃ つまらない
パパやママは知らないの 明日の外泊
ちょっぴり恐いけど
バージンじゃ つまらない
おばんになっちゃう その前に
おいしいハートを……食べて

おニャン子クラブは、昭和60年（1985）のテレビ番組『夕やけニャンニャン』で芸能界デビュー。彼女らは素人の学生を中心に構成され、それまでのアイドル像とは相反していたことで注目を浴びていた。「セーラー服を脱がさないで」がヒットしてブレイクし、以降のアイドルシーンを席捲していったが、わずか2年余でその活動が閉じられた。

戦後著しく進んだ現象の一つに性の解放がある。かつて口にするのも憚られた男女の交合は、マスコミ情報の氾濫と共に公然となり、それと共にメディアの描写もかなりの程度まで踏み込んできた。「セーラー服を脱がさないで」は、その代表格である。

友達より早く
エッチをしたいけど
全てをあげてしまうのは
もったいないからあげない
男の子はその時どうなるの？
興味津々しちゃうのよ

ここに引用するのも気がひけるほど、次から次へと大胆な歌詞が繰り広げられてい

〔出来事〕「戦後政治の総決算」という主張は、政治に限らず、日本人の指向そのものに大きな区切りを迫るものだった。この年登場した「新人類」なる呼称は、広がりつつあった世代間の格差感にとどめを刺すものだった。歌謡界でも対象ジャンルが分極化し、アイドル路線と分かれた演歌の世界では、不倫願望が大胆に取り上げられ始め、大人の歌として確実な地歩を占めていくようになった。
〔流行歌〕「卒業」尾崎豊／「卒業」斎藤由貴／「恋におちて」小林明子／「フレンズ」レベッカ／「熱き心に」小林旭

る。かつて山口百恵の歌う「ひと夏の経験」は、その大胆な歌詞が話題になったが、この歌は、その抑制を簡単に超えている。

これは話題をさらうがための戦略であったことは疑いないが、おニャン子クラブの陣容はどうであったか。彼女らは現役の学生を中心に集めるという徹底した素人感覚で、従来のアイドル像を引きずり下ろした功績はあった。

そして彼女らは、新田恵利、国生さゆり、可合その子、渡辺美奈代、工藤静香、生稲晃子等々の夥しいスターを生んで人気はヒートアップした。

しかしこうした意表をつく戦略ばかりが沸騰し、デビュー曲以外はまったくといっていいほど言及されることはなかった。おニャン子クラブはどこまでもアイドルグループであって、歌としてのそれではない。そしてそのデビュー曲はみんなが唱和できるものでは決してない、いわばポルノ歌謡ともいうべきものである。

この曲は、アイドル路線が極限まで行きついた歌謡(?)史の遺物としては残ることになろう。

〔映画〕「乱」(黒澤明監督)、「台風クラブ」(相米慎二監督)／「ネバーエンディング・ストーリー」(米)
〔テレビ〕「金曜日の妻たちへⅢ」
〔書籍〕「豊臣秀長」堺屋太一、「たけしくん、ハイ!」北野武
〔世相〕いじめ横行／ファミコンブーム／やらせ／パフォーマンス／金妻／イッキ飲み
2月：新風俗営業法施行　3月：科学万博開幕　6月：国家秘密法案が衆院提出　8月：日航ジャンボ機墜落　中曽根首相初の靖国公式参拝　10月：国鉄改革基本方針決定　阪神フィーバー

昭和61年　土地成金に覆われた金満国家

時の流れに身をまかせ

荒木とよひさ作詞／三木たかし作曲／テレサ・テン歌

もしも あなたと逢えずにいたら
わたしは何を してたでしょうか
平凡だけど 誰かを愛し
普通の暮らし してたでしょうか
時の流れに 身をまかせ
あなたの色に 染められ
一度の人生それさえ
捨てることもかまわない
※だから お願い そばに置いてね
いまは あなたしか 愛せない

もしも あなたに嫌われたなら
明日という日 失くしてしまうわ
約束なんか いらないけれど
想い出だけじゃ
生きてゆけない
時の流れに 身をまかせ
あなたの胸に より添い
綺麗になれたそれだけで
いのちさえもいらないわ
だから お願い そばに置いてね
いまは あなたしか 見えないの

時の流れに 身をまかせ
あなたの色に 染められ
一度の人生それさえ
捨てることもかまわない
（※くりかえし）

昭和50年から60年に至るころ歌謡歌手は日本人だけでなく、東アジアからも輩出してきた。彼らは誰も国内で評判になってきただけに、いずれも耳をそばだてる声の持ち主であった。その代表的存在が、台湾出身のテレサ・テンである。彼女は70〜90年代にかけて「アジアの歌姫」と言われて注目され、女優デビューも果たす美貌の持ち主であった。

昭和49年（1974）、21歳で日本での歌手活動を開始する。アイドル路線でデビューを果たすが不発に終わったため、演歌路線に転向したところ「空港」が大ヒット。第16回日本レコード大賞新人賞を得てトップ・スターとなった。

その後旅券法違反で国外退去処分もされたが、昭和59年（1984）再来日が許可され、「つぐない」で再デビュー。翌年の「愛人」もヒットし、この荒木とよひさ・三木たかしのコンビは驀進し、昭和61年（1986）の「時の流れに身をまかせ」で決定的となった。

しかし彼女の姿勢は、単にスター歌手にとどまらなかっ

〔出来事〕昭和60年代に入って都心部のビル用地不足から地価が高騰し始め、投機的な土地転がしが横行した。地価は倍以上に値上がりして土地成金が続出し、こうした金満国家は、堅実な生き方をあざ笑うような人心の荒廃を生み出した。この風潮は文化の爛熟にもつながり、この年の歌謡地図ではアイドル路線はもはや飽和状態を呈し、売れっ子作家は月に数曲という多産ぶりだった。

〔流行歌〕「DESIRE」中森明菜／「1986年のマリリン」本田美奈子／「Cha Cha Cha」石井明美／「雪国」吉幾三／「天城越え」石川さゆり／「命くれな

た。89年中国での天安門事件では政府への抗議集会で歌を披露。当然政府から指弾されてパリへ移住。中国でのコンサートを熱望していたが次第に体調を崩し、平成7年（1995）に42歳という若さで没した。

テレサ・テンは演歌歌手のイメージが強いが、甘くのびやかな歌声を聴くとそれに限らぬことが容易に想像できよう。実際かなり幅広いジャンルの歌を歌っており、台湾や香港などで出されたアルバムには、演歌やムード歌謡に加えて台湾民謡や英語のポップス、日本語ポップスのカバー曲なども多数含まれている。1980年代後半以降は、むしろポップス、J—POP寄りが多い。

このように幅広いレパートリーの持ち主である彼女が早逝したことは、なんとしても惜しまれることである。その一生は劇的そのものであったが、短い生涯に残した歌々は、荒木・三木コンビの優れた調べに乗って輝ける遺産となっている。彼女の甘くのびやかな歌声は、そのひたむきな生き方と相俟って、永遠に聴き継がれるであろう。

い」瀬川瑛子
〔映画〕「火宅の人」（深作欣二監督）／「バック・トゥ・ザ・フューチャー」「グーニーズ」（米）
〔CM〕「亭主元気で留守がいい」
〔書籍〕ファミコンマガジン「スーパーマリオブラザース」
〔世相〕円高／ドル安／新人類／究極／激辛／レトロ／プッツン／財テク／DCブランド
4月：岡田有希子自殺　男女雇用機会均等法施行　ハレー彗星大接近　チェルノブイリ原発大事故　5月：東京サミット　9月：初の女性党首誕生　10月：米ソ首脳レイキャビク会談　11月：三原山大噴火

昭和62年

民活路線・行政改革、金融緩和の断行

人生いろいろ

中山大三郎作詞／浜口庫之助作曲／島倉千代子歌

死んでしまおうなんて
悩んだりしたわ
バラもコスモスたちも
枯れておしまいと
髪をみじかくしたり
つよく小指をかんだり
自分ばかりをせめて
泣いてすごしたわ
ねぇおかしいでしょ若いころ
ねぇ滑稽でしょ若いころ
笑いばなしに涙がいっぱい
涙の中に若さがいっぱい

※人生いろいろ 男もいろいろ
女だっていろいろ 咲き乱れるの

恋は突然くるわ
別れもそうね
そしてこころを乱し
神に祈るのよ
どんな大事な恋も
軽いあそびでも
一度なくしてわかる
胸のときめきよ
いまかがやくのよ私たち
いまとびたつのよ私たち
笑いばなしに希望がいっぱい
希望の中に若さがいっぱい

（※くりかえし）

島倉千代子は昭和30年（1955）の「この世の花」以降、「東京の人さようなら」、「東京だよおっ母さん」、「からたち日記」とヒットを出し続けた。

だが昭和37年（1962）から難事に次々に遭う。23歳では、観客が投げたテープによる失明寸前の事故。昭和38年（1963）の離婚と父母との死別。そして実印を貸し保証人になったことで総額20億という莫大な負債を抱えるが、彼女は懸命に仕事に励み見事に完済する。

40代に入ってから、島倉の歌は大きく変貌をとげる。一つは、彼女の歌が自らの半生に託した「私小説」化したこと、いうならば〝私歌謡〟になったことである。

昭和56（1981）年43歳の時に出した「鳳仙花」のその歌い出しの「やっぱり器用に生きられないね」に、島倉ファンはそこに彼女の姿を重ねずにはいない。

そしてその3年後、「人生いろいろ」が出る。これまたその出だしの「死んでしまおうなんて」が衝撃的である。

死んでしまおうなんて

〔出来事〕

「列島改造」は地価高騰を呼び、調整区域見直しの経済対策に至った。加えて、国鉄の分割・民営化という行政改革による国有地売却の断行、また金融緩和などにより地上げ屋が横行。個人商店に代わるコンビニが立ち並んだ。

一方、税制改革は株式・債権の投機買いをよび、一般人の財テク現象となった。

若者にとって夢と希望が失われゆくなか、青春像のシンボル・石原裕次郎が死去した。

〔流行歌〕「百万本のバラ」加藤登紀子／「すずめの涙」桂銀淑／「女の駅」大月みやこ／「別れの予感」テレサ・テン／「雪

悩んだりしたわ
自分ばかりをせめて
　泣いてすごしたわ

　このフレーズにまたファンは、心から共感といたわりの涙をふりそそぐのである。

　同時に、この「人生いろいろ」のフレーズが人々の心に焼き付き、政治家の弁明にも使われるようになったのは、歌謡曲の大衆性を改めて示す現象であった。

　その後、彼女の曲づくりにはニューミュージック系のつくり手が与った。これらは、いずれも明るく前向きの歌であり、人生の挫折、遂げられぬ恋愛など、成就せぬ題材を扱いながら、それらをすべて捉え直して進んでいこう、という前向きの姿勢がある。

　彼女の代表曲「人生いろいろ」が昭和62年（1987）であることは、ひばりの「川の流れのように」が昭和64年（平成元）年（1989）であることと併せ、まさに昭和歌謡の残光と呼べよう。

　しかしひばりの後半生が演歌に流入したのに引き換え、島倉が最後まで歌謡曲の王道を貫いたことは偉に値するものである。

椿」小林幸子／「北の旅人」石原裕次郎
〔映画〕「マルサの女」（伊丹十三監督）／「プラトーン」（米）
〔書籍〕「サラダ記念日」俵万智「ノルウェイの森」村上春樹
〔世相〕地上げ屋、B勘屋、ホーナー効果、ゴクミ、懲りない○○
4月：国鉄分割・民営化　東京の地価、過去最高に　7月：石原裕次郎死去　10月：NYで株価大暴落（魔の月曜日）、東京も最大の下落率　11月：連合発足

昭和63年

「一億総中流」に押し寄せる経済のひずみ

川の流れのように

秋元 康作詞／見岳 章作曲／美空ひばり歌

知らず知らず 歩いて来た
細く長いこの道
振り返れば 遥か遠く
故郷が見える
でこぼこ道や 曲がりくねった道
地図さえない それもまた人生
ああ川の流れのように ゆるやかに
いくつも 時代は過ぎて
ああ川の流れのように とめどなく
空が黄昏に 染まるだけ

生きることは 旅すること
終わりのない この道
愛する人 そばに連れて
夢探しながら
雨に降られて ぬかるんだ道でも
いつかはまた 晴れる日が来るから
ああ川の流れのように おだやかに
この身をまかせていたい
ああ川の流れのように 移りゆく
季節 雪どけを待ちながら
ああ川の流れのように おだやかに
この身をまかせていたい
ああ川の流れのように いつまでも
青いせせらぎを 聞きながら

終戦直後12歳でデビューしてから、昭和30年代前半の最盛期、そして同年代後半の歌謡界の変貌に遭遇した美空ひばりは演歌に転じ、28歳の「柔」（昭和40年）で念願のレコード大賞を得る。

以降、セリフ入りの「悲しい酒」（昭和41年）、GS（ブル・コメ）をバックにミニスカートで「真赤な太陽」を歌って話題をまいた。

しかし昭和43年（1968）の30歳以降は、「演歌の女王」の名をよそに舞台に専念していく。

そして昭和48年は36歳でひばりは新居を構えたものの辛苦に満ちた一年であった。

弟哲也の不祥事件を機に会場締め出しは全国に波及し、連続出場していた紅白歌合戦の選にも洩れた。

自身の苦難の人生を歌にした例は少なくないが、それにはそれを一篇の詞に普遍化しうる人を要する。

ひばりの場合、ドラマチックな道のりはこの時期あたりから顕著になるのだが、長かったそれを振り返る終焉期に至ったころ、力ある詩人をして、その波乱の全容を受け止め具現化した一典型がこの

〔出来事〕

事実上、昭和最後の年となったこの年は、青函トンネル、瀬戸大橋の開通にも沸いたのだが、その裏側ではリゾート法の施行で、国土は地価高騰、自然破壊が進んでいた。アメリカでは株価大暴落が起こり、食品の輸入圧力など日米の貿易摩擦が深まるなか、政界では未公開株の譲渡で一億円の利益を得たリクルートの疑惑が発覚した。

一億総中流時代といわれ「モノとカネの国際化」を謳われながら、〈マル優〉制度の廃止や消費税の導入など、経済のひずみはじわりと庶民に押し寄せ、「ニューリッチ・ニュープアー」なる貧富の階層分化時代に入

歌「川の流れのように」だといえる。

死を2年後に控えた昭和62年（1987）、ひばりは50歳で「みだれ髪」を歌い、これが最後の光芒となった。しかし晩年の代表曲としてはもっぱら「川の～」が挙げられている。そしてひばり自身もこの曲のシングル化を懇願し、次のように述べているのである。

昭和63年（1988）『不死鳥パートⅡ』のアルバムのレコーディングのときの記者会見で、収録の10曲がどんな曲かと聞かれてひばりは、

「それはもう『川の流れのように』で全てが分かるでしょう。私が大海へ流れる川であるか、どこかへそれちゃう川であるかは誰にも分からないのでね。だからこれは人生の歌じゃないかなって思いますね…」

と回答したという。

これは昭和という時代を文字通り体現化したひばりの一生を見事に反映されていると、ひばり自身が受け止めたからにほかならないだろう。

（この歌が発売されたのは昭和64＝平成元年1月だが、あえて昭和63年に入れた。）

る。そして九月の昭和天皇重態で全土を覆った自粛ムードは、お祭り気分を一気にしぼませたのだった。

〔流行歌〕「乾杯」長渕剛／「パラダイス銀河」光ＧＥＮＪＩ／「豊後水道」川中美幸／「酒よ」吉幾三

〔映画〕「敦煌」（佐藤純弥 監督）／「ラストエンペラー」（英・伊・中）

〔世相〕朝シャン／子連れ出勤／オバタリアン／濡れ落ち葉

3月：青函トンネル開通　4月：「マル優」制度廃止　瀬戸大橋開通　6月：リクルート疑惑事件　8月：イラン・イラク戦争停戦　9月：昭和天皇吐血　12月、消費税法案成立

第2部　昭和歌謡を彩った歌手たち

春日八郎

望郷歌謡から演歌に歌い継ぐ

春日八郎は大正13年（1924）、福島県会津坂下町の生まれである。エンジニアを志して上京するが、歌手を夢みて東洋音楽学校に入学。その後、東京声専音楽学校（現昭和音楽大学）に転校。卒業後は陸軍に入隊するが、台湾から復員後はムーラン・ルージュ新宿座に入り歌手活動を開始した。

昭和23年（1948）キング歌謡コンクールに合格し、準専属となる。春日は音大出のプロではあったが、その美声は初めからのものでなく、必死の発声練習の賜物であった。また、東北弁の訛りを直すのに大変苦労したという。（なかなか目の出ぬ時期の思いは「あれから十年たったかなァ」に歌われている。）

下積み生活は三年続くが、妻の紹介で江口夜詩のもとに弟子入りし、昭和27年（1952）ようやく「赤いランプの終列車」を吹き込むことができた。また続けて「お富さん」が大ヒットし、紅白歌合戦に初出場を果たした。翌年には「別れの一本杉」がこれまた大ヒットし、ス

ター歌手の地位を築いた。

春日には、初期の佳曲「雨降る街角」「浮草の宿」、絶頂期の「別れの波止場」「あん時ゃどしゃ降り」「別れの燈台」、後期の「長崎の女」など数多くのヒット曲がある。

そのうち「別れの一本杉」「故郷は遠い空」「母の便り」などは、〝望郷歌謡〟と呼ばれる一連の分野である。

また「居酒屋」「苦手なんだよ」などもその延長といえるが、わけても前者（横井弘作詞・鎌多俊与作曲）は単に故郷を偲ぶだけでなく、夢を追うも果たせぬ男の慨嘆、そして再起を志す心情を感動的に歌い上げた傑作である。

春日は１９５０年代を通して歌謡曲を牽引し続けたが、60年代には演歌が台頭してくる。

そのため歌謡界の黄金期を築いた彼は、演歌への橋渡しを担った存在であったといえよう。

西暦	昭和	年令	ヒット曲
1952	27	28	赤いランプの終列車
1953	28	29	雨降る街角
1954	29	30	お富さん、瓢箪ブギ
1955	30	31	別れの一本杉
1956	31	32	浮草の宿、別れの波止場、トチチリ流し
1957	32	33	ごめんよかんべんナ、故郷は遠い空、あん時ゃどしゃ降り、母の便り、苦手なんだよ
1958	33	34	居酒屋、別れの燈台、海猫の啼く波止場
1959	34	35	あれから十年たったかなァ、山の吊橋
1963	38	39	長崎の女

島倉千代子

実人生に歌を重ねた歩み

戦後を代表する女性歌謡歌手といえば、まず美空ひばりであることに異論はなかろうが、次に挙げられるのは島倉千代子であろう。彼女のほかに考えにくいのは、男性歌手陣の充実さに比べ、女性歌手ではいずれも二番手に位置づけられるところに、昭和における女性歌手の弱さが表れている。

その意味では人気・実力ともに、他に抜きん出た存在を誇る島倉である。しかし彼女がどうみてもやはり二番手以上に出られぬ感が否めぬところに、まさに島倉という歌手の特色があるといえる。

順調な滑り出し

彼女はまず童謡歌手として出発し（12歳で「お山のおさる」）、15歳で日本音楽高等学校に入学しているように、歌の勉強は本格的に受けている。そして翌年早くもコロムビア歌謡コンクールで優勝し、直ちに契約を結ぶというように順調なスタートであった。

そして昭和30年（1955）、17歳で出した「この世の花」が大ヒット。そのまま女性歌手の王座に君臨する。それから同年の「りんどう峠」以降、「東京の人さようなら」、「逢いたいなァあの人に」「東京だよおっ母さん」、「からたち日記」「思い出さん今日は」そして「哀愁のからまつ林」と、毎年確実にヒットを出し続け、まさにひばりと並ぶ人気歌手として存在した。

高音ひとすじの魅力

この昭和30年から34年までを第I期とする。コロンビアにはすでにひばりが存在しており、同社は島倉を出したことで、女性歌手の双璧を擁したのであった。

島倉は哀調を帯びた高音に独特の魅力を放つ。同じ高音でも、ひばりのそれがうなるような低音と表裏して発声するのに比べ、島倉の声は高音ひとすじに進んでいる。ひばりの歌いぶりは高音で聴かせたその次には、ドスのきいた低音が現れる。その対照の妙があるのに、島倉はどこまでも可憐な高音で押し通す。そこに、心に迫るものを生み出しているといえる。

同時に彼女の歌の成功要因は、その作詞陣（西條八十、石本美由起ら）にあろう。

これらの歌詞そのものが「泣き節の島倉」のイメージを高めたし、とりわけ西沢爽の「からたち日記」は、それにセリフを入れたことによって、島倉の座を決定づけたのであった。（セリフの効果と危うさについては、拙著『美空ひばりという生き方』に触れた。）

難事と裏腹な明るさ

その島倉は、昭和37年（1962）から著しい難事に次々に遭う（第Ⅱ期）。23歳で、公演中観客の投げたテープが眼に当たり失明寸前となるが、守屋という医師の手術で救われる。父を亡くした昭和38年（1963）、25歳で阪神の藤本選手と結婚するが、5年後に早くも別居、離婚。その4年後に母と死別する。

最大の災難は、昭和50年（1975）37歳時で、かつて眼の治癒の恩恵を受けた守屋医師の頼みで実印を貸し、またマネージャーなどの保証人になったことで16億円、さらに2年後には別の連帯保証人となって、負債総額が20億にもふくらんでしまう。その後の彼女の仕事は、これらを返済するためになした観を呈するのである。

しかしこうした難事の遭遇とは裏腹に、この時期の歌は明るいものが続く。そのうちの「星空に両手を」「ほんきかしら」などは、わずかな間ながら伴侶との愛を育んだ産物ともとれ、また第Ⅰ期の泣き節とは一変したコミカルなタッチである。

そして昭和43年（1968）には「愛のさざなみ」でレコード大賞特別賞まで受けるのである。

変貌する島倉歌謡

莫大な負債を抱えながらも、島倉は一刻も早く返済すべく懸命に仕事に励み見事に完済する。

そして40代に入ってから、島倉の歌は大きく変貌をとげる。

一つは、彼女の歌が文学でいえば「私小説」化したこと、いうならば〝私歌謡〟になったことである。

昭和56年（1981）43歳の時に出した「鳳仙花」の歌詞。その歌い出しの一句「やっぱり器用に生きられないね」（吉岡治・詞）に、聴き手は心動かされよう。不器用な人間を自嘲的に嘆く姿は少なくないが、島倉ファンはそこに彼女の姿を重ねずにはいられない。

そしてその三年後、「人生いろいろ」が出る。これまたその第一句「死んでしまおうなんて悩んだりしたわ」（中山大三郎・詞）が衝撃的である。「自分ばかりを責めて　泣いてすごしたわ」――ここにまた島倉ファンは、心から共感といたわりの涙をふりそそぐのである。

ニューミュージック系の導入

もう一つは、彼女の曲づくりにニューミュージック系のつくり手が関わったことにある。すなわち平成7年（1995）、57歳の時の「あの頃にとどけ」（小田和正・詞）、平成11年（1999）、61歳時の「人生はショータイム」（杉本真人・曲）、平成17年（2005）、67歳の時の「ちよこまち」（山崎ハコ・詞・曲）、平成25年（2013）、75歳の時の「からたちの小径」（南こうせつ・詞・曲）などである。

これらベテラン陣とのタッグは一見意表をつく取り合わせだが、彼らは島倉ブシのイメージを損なうことのない曲づくりで、見事に成功させたのである。(このニューミュージック系の起用は、美空ひばりも行っている(イルカ、小椋佳など)が、十全に成功したとは言い難い。)

前進あるのみの歌唱

留意せねばならないのは、これらのいずれもが、第Ⅱ期で得られたコミカルさに連なる、明るく前向きの歌であることである。人生の挫折、遂げられぬ恋愛など、成就せぬ題材を扱いながら、しかしそれらをすべて捉え直して進んでいこう、という前向きの姿勢なのである(立ち止まっても　いいじゃない　振り返っても　いいじゃない／前を見て　生きたいの　前だけを見て―「ちよこまち」)。

そこには、ありのままの自分をまるごと受け入れ(「バカだって　いいじゃない　ドジったって　そんなのいいじゃない」―「人生はショータイム」建石一・詞)、そのことによって、むしろそれらを養分にしてしまう(「自分らしさを素直に　ぶつける生き方が　自分らしさにもどれる　チャンス」―同)、居直りともいえるたくましささえ見られる。だからそれらは、人生の応援歌に転化するのである(「何があっても　めげないよ　なんだ坂こんな坂　わっしょいしょい」―「ちよこまち」)。

彼女の代表曲として衆目の一致する「人生いろいろ」が昭和62年(1987)であることは、ひばりの「川の流れのように」が昭和64(平成元)年(1989)であることと併せ、まさに昭和歌謡の残光と呼び得るものである。

しかしひばりの後半生が、歌謡曲の鬼っ子たる演歌に流入してしまったのに引き換え、島倉が最後まで歌謡曲の王道を貫いたことはあっぱれといえる。

晩年の評価

さらに島倉はその後も病魔におかされ55歳で乳がん、72歳で肝臓がん、そして69歳で再び負債をかかえて資産を喪失するなど、嘆息されるような難事に遭い続ける。だが前記のような歌々が併行されるのを見ると、もはやそれらに動じない達観した観を呈するのである。

しかしそうした域に達した島倉は平成25年（２０１３）75歳で、いまわの際に「からたちの小径」を出した。島倉最後の歌となったこの歌は、「この世の花」に始まり「からたち日記」を頂点に築いた昭和女性歌謡の華が、再び島倉カラーをもって閉じたという意味でふさわしいものとはいえる。

けれども楚々とした歌々（第Ⅰ期）を脱却し、コミカルな領域（第Ⅱ期）を拡げ、人生を達観する（第Ⅲ期）という、幅広い芸域に至った彼女のそうした成果を、この歌はやや後退させた感を否めぬ、と言えないだろうか。（この歌をめぐっての〝感動的〟エピソードは、この歌の評価にむしろ妨げになっている。）

西暦	年令	記　事	発表曲	社会
1938	0	品川で出生		
1945	7	左手首損傷、輸血受ける 松本に疎開		終戦
1947	9	「若旦那楽団」入学。姉、小児麻痺。東京に戻る		
1950	12	日本音楽高等学校入学	お山のお猿	
1953	15	日本音楽高等学校卒業		
1954	16	コロムビア歌謡コンクール優勝 コロムビアと契約		

第 I 期

1955	17		この世の花 りんどう峠	
1956	18		東京の人さようなら	
1957	19	紅白出場 ひばりと共演	逢いたいなァあの人に 東京だよおっ母さん	
1958	20	高輪に一戸建	からたち日記 思い出さん今日は	
1959	21		哀愁のからまつ林	

第 II 期

1961	23	テープが眼に当たり失明寸前 守屋医師、手術	恋しているんだもん 襟裳岬	
1963	25	父死亡。藤本選手と結婚	星空に両手を	
1966	28		ほんきかしら	
1968	30	藤本選手と別居、離婚	愛のさざなみ	レコ大特別賞
1969	31		すみだ川	
1972	34	母死亡		
1975	37	守屋医師に実印貸与。マネージャーなどの保証人で 16 億円負債		
1977	39	連帯保証人で負債 20 億に		

第 III 期

1981	43		鳳仙花	
1984	46	30 周年記念会場にひばり来場		
1986	48	紅白 30 回連続出場		
1987	49	紅白 " 辞退 "	人生いろいろ	レコ大歌唱賞
1988	50	姉、自殺。紅白再出場		
1989	51	ひばり死亡（52 歳）		
1993	55	乳がん判明、手術 ライブハウスに出演		
1995	57		あの頃にとどけ	
1999	61	45 周年。タキシードで全国巡演 紫綬褒章		
2004	66	50 周年。紅白 35 回最多出演		
2005	67		ちよこまち(テーマ)	
2007	69	資産喪失、再び負債。簿記習得。		
2010	72	肝臓がん判明		
2013	75	肝硬変で死亡	からたちの小径	

三橋美智也

高度成長期に沿った人生歌謡

民謡歌手から歌謡歌手へ

歌謡曲の黄金時代である昭和30年代、男性歌手の双璧をなしたのが三橋美智也と春日八郎であることは異論のないところであろう。オーソドックスな歌いぶりの春日八郎に対し、三橋美智也の歌は、三味線片手に民謡で鍛えたノドによる高音に独特の力を発揮した。

彼は幼い頃から民謡歌手だった母に特訓され、また叔父から追分を習い、9歳で全道民謡コンクールで優勝。その後は巡業に加わって、12歳でコロムビアで民謡を吹き込むなど、もともと民謡歌手として活動したと共に、小学卒業後には三味線も習い始める。そして19歳のとき広い世間を知るべく上京。勤務した風呂屋の主人に見込まれて勉学するかたわら、彼の声がディレクターの耳にとまりキングレコードと契約する。昭和30年（1955）「おんな船頭唄」の大ヒットを機に、人気歌手の仲間入りを果たしたのであった。

トップを独走し続けた三橋歌謡

このように彼の芸歴はずっと民謡界にあったのであり、歌謡歌手としてはわずか10年にも満たない。しかし昭和30年代前半、たて続けにとばしたヒット曲は余人の及ばぬ高音のキレに満ちファンを酔わせた。当時のヒットチャートでは常にトップを独走し、ミリオンセラーはなんと20曲近くに及び、人気・実力共に抜群で、昭和歌謡史に残る存在となっている。

彼の遺した曲は、民謡は別としても優に100曲を超えるが、歌謡史に刻印されるものは下表のように20数曲になる。わずか数年の間にこれだけの数があげられるのは、同時代のなかではやはり抜きん出た力をもった歌手と証されるものである。

西暦	昭和	年令	ヒット曲
1955	30	25	おんな船頭唄①、ご機嫌さんよ達者かね②、あの娘が泣いてる波止場③
1956	31	26	リンゴ村から④、哀愁列車⑤、お花ちゃん（＋斉藤京子）⑥、母恋吹雪⑦
1957	32	27	俺ら炭鉱夫⑧、東京見物⑨、一本刀土俵入り⑩、リンゴ花咲く故郷へ⑪、おさげと花と地蔵さんと⑫、僕は郵便屋さん⑬、おさらば東京⑭、男涙の子守唄⑮
1958	33	28	ギター鴎⑯、民謡酒場⑰、草笛の丘⑱、夕焼けとんび⑲、センチメンタルトーキョー⑳、岩手の和尚さん㉑、赤い夕陽の故郷㉒
1959	34	29	かすりの女と背広の男㉓、古城㉔
1960	35	30	達者でナ㉕
1961	36	31	武田節㉖
1962	37	32	星屑の街㉗
1964	39	34	東京五輪音頭

地方と都会の両域を題材に

これらの曲をジャンル別に分類すると、次のようになる（番号は前頁の表による）。

地方もの（故郷、田園もの）――①④⑥⑦⑪⑫⑱㉑㉕　②③⑲

都会もの（東京、都会もの）――⑤⑭⑯⑰⑳㉒㉗　⑨㉓

ここに明瞭なことは、三橋歌謡のほとんどが地方ものと都会ものに大別されることである。これは当時の時代背景・社会状況が如実に表れたものといえよう。すなわち昭和30年代は、来るべき高度成長期を担う〝金の卵〟といわれた東北の少年たちが、集団列車に乗って大挙上京したのだった。

現在よりはるかに時間を要する、遠く離れた異郷に身を置く彼らは、故郷の両親兄弟・恋人を偲ぶ。しかし、将来いつか大成する夢を抱くことで、辛い労働に耐えていく。

こうした状況で展開されるストーリーは文化芸能に格好のテーマであったが、それを最も直截に表現した分野は歌謡曲であったといえる。

そこに描かれる情景は、地方・都会のそれぞれであり、両域間の往復によって生じるドラマが歌謡曲に描かれる内容であった。そして三橋歌謡の世界は、それを最も典型的に展開した。

すなわち故郷・田園を歌った地方ものは、前表の故郷、田園もの［①④⑥⑦⑪⑫⑱㉑㉕ ②③⑲］の曲群であり、東京を歌った都会ものは前表［⑤⑭⑯⑰⑳㉒㉗ ⑨㉓］の曲群である。彼の多数にのぼるヒット曲は、このようにきわめて明瞭に区分けされるのである。

さらにこれらは、ここに取り上げられた人物たちの動きにより、目に見えるようにドラマ化され得る。後ろ髪を引かれながら故郷を離れていく者（④⑤㉕）は、恋人との離別に悲しみ（⑥）、折にふれてそれを偲び（⑪⑫⑱㉒）、残された者はたえず恋い慕う（②③⑲）。

さて、都会に出たものの若者の夢は果たされず（⑯）、愚痴るばかりとなる（⑮⑳）。そして彼は、故郷への想いやみ難く（⑭）、ついに都会を離れていくのである（㉗）。

以上、三橋歌謡をつないでいくと、見事に一篇のドラマが形成されるのである。

三橋歌謡の終焉

昭和30年代初頭、就職列車に揺られて流入した多くの少年たちは、大都会の只中で心骨を砕き、戦後日本の成長に大きくあずかった。そして彼らは、同年代末にその役割を終えて離散していった。三橋歌謡が「④リンゴ村から」「⑤哀愁列車」に始まり、「㉗星屑の街」に終わるのは、この状況にてらせばまことに象徴的な円環である。

そして昭和39年、日本の経済復興のシンボルたらしめた東京オリンピックを歌った「東京五輪音頭」は、三橋歌謡の終焉を告げるものであった。

三浦洸一

幅広い領域に及ぶ端正な歌いぶり

三浦洸一は昭和3年（1928）、神奈川県三浦市の最福寺の三男として生まれ、厳格な祖父のもとで読経を学んだ由で、実直なイメージはそこからと思われる。

一時、県庁に入庁するが、昭和27年（1952）にビクターレコードに入社し、吉田正に師事。翌年「落葉しぐれ」が大ヒットし、その後は順調なペースを歩んだ。

彼の端正な歌いぶりは、東洋音楽学校（現東京音大）でクラシックの声楽を学んだという本格派であることから頷ける。

三浦の代表曲が「東京の人」という都会もの（その後「ああダムの町」「釧路の駅でさようなら」など）であることは、いかにも吉田学校の出らしいといえよう。

しかしもう一つの路線は「踊子」などの文芸ものであり、またほかに「弁天小僧」「舟唄」などのヒット曲にみられるように、そのレパートリーは幅広い。

このうち「弁天小僧」は、美空ひばりとの競作である。ひばりの方は、時代劇でならした彼女らしい粋な歌いぶりである。一方で三浦の方は、彼のレパートリーとしては異色とも見える。しかし時代がかった歌内容を、彼の折り目正しいイメージとうまくブレンドされており、三浦歌謡に逸せない一曲となっている。

また「舟唄」のレコードの裏面にある「純愛」は、夭折した恋人を哀惜した歌である。彼女の最期に至る過程を延々と歌い継ぐのだが、最後まで冗長と感じさせないところはさすがと思わせる。

三浦歌謡はいまも愛好されているが、筆者は「街燈」(佐伯孝夫作詞)こそ、彼の充実した時期の傑作とみたい。これは、松島詩子の「喫茶店の片隅で」やひばりの「津軽のふるさと」同様、歌謡曲嫌いの知識層を黙させる、シャンソンに劣らぬ格調の高さを有するものと確信するからである。

西暦	昭和	年令	主な発表曲	経歴
1928	3	0		神奈川県三浦市三崎地区生れ。横須賀商高卒業後、県庁に勤務
1952	27	24		東洋音楽学校卒業後、ビクター入社
1953	28	25	さすらいの恋唄、落葉しぐれ	ビクターよりデビュー
1955	30	27	弁天小僧	第6回紅白歌合戦に初出場
1956	31	28	ああダムの町、東京の人	
1957	32	29	踊子、郵便船が来たとヨー	
1958	33	30	街燈、舟唄、純愛、釧路の駅でさようなら	
1959	34	31	桜の園、流転	
1961	36	33	青年の樹、異国の丘	
2000	平成12	72		日本レコード大賞功労者受賞

大津美子

豊麗な歌唱によるスケール感

デビュー後まもなく開花

昭和における歌謡歌手で今に残る顔ぶれは男性が多く、女性は思いのほか少ない。そんな中、力強いアルトで永く歌い続ける大津美子は、大輪のひまわりを思わせる存在である。

彼女は高校時代、すでに渡久地政信に弟子入りし、故郷の豊橋から毎週上京してレッスンを受けていた。そして、17歳でキングレコードからデビュー後まもなく「東京アンナ」がヒット。

しかしその最中に、恩師・渡久地がビクターに移籍してしまう。

落胆する大津だったが、新たに紹介された飯田三郎により、以後、彼の薫陶を受ける。

こうして翌年に生まれた「ここに幸あり」は、空前のヒットとなった。これは自身の尽力（海外公演での宣伝）もあって、結婚式の定番となるほど、彼女の代名詞的な曲となったが、大津が真に力を発揮し出したのは、これ以降である。

大津を代表するヒット曲を選ぶと、下表のようになる。

対照的な二つの路線

これを主題別に分類すると、次のようになろう。

Ⅰ．都会もの―①⑤⑦
Ⅱ．純愛もの―②④⑥
Ⅲ．その他―③⑧

第Ⅰグループの3曲は、いずれも都会育ちらしい彼女の持ち味が発揮されたものといえ、特に⑤「東京は恋人」は、その溌剌とした曲調が大いに受けて、大津の一方の定番となった。また①「東京アンナ」に連なる曲想の⑦「銀座の蝶」は、20歳を超えた彼女がホステスの哀歓を捨て身で歌い上げた、これも代表曲の一つとなっている。

西暦	昭和	年令	ヒット曲	経歴
1938	13	0		愛知県豊橋市で生まれる
				私立桜ケ丘高校卒業
1953	28	15		渡久地政信に弟子入り。毎週土曜夜上京し、翌日レッスンを受け帰郷
1955	30	17	東京アンナ①	キングレコードからデビュー
				江利チエミと北海道など巡業
				渡久地、ビクターに移籍。町尻文芸部長、飯田三郎を紹介
1956	31	18	ここに幸あり② 流れのジプシー娘③	映画主題歌「ここに幸あり」大ヒット。日系人にも広がる
1957	32	19	いのちの限り④、東京は恋人⑤、純愛の砂⑥	
1958	33	20	銀座の蝶⑦、白い桟橋⑧	
1969	44	31		実業家と結婚
1980	55	42		くも膜下出血により倒れるが、奇跡のカムバックを遂げる
1995～97	平成7~9	57～59		日本歌手協会副会長に選出される
2005	17	67		歌手生活 50 周年を迎える
2014	26	76		デビュー 60 周年目を迎え、地元で収録されたＮＨＫＢＳ「日本のうた」にスペシャルステージ枠で出演

一方の第Ⅱグループの3曲であるが、こちらは打って変わって②「ここに幸あり」を始まりとした純愛ものを通している。このグループは、情緒あふれる④「いのちの限り」を経て、諦観を込めた⑥「純愛の砂」で閉じられる。

彼女はデビュー時の①と②で、早くも二つの路線が可能なことを示したのである。

高い境地を示した大津歌謡

③と⑧は、以上の範疇とはやや異なる感もあるので別枠としたが、③「流れのジプシー娘」の情熱的なリズム感は①につながるものでもあろう。

⑧「白い桟橋」は、ⅠやⅡの体験を経て到達した境地をおおらかに歌い上げたものである。このような高みに達したナンバーは、三浦洸一（「街燈」）や春日八郎（「雨降る街角」）らにも見られ、歌謡界が到達した最高水準を示すものであり、マイナーなイメージを持つ歌謡曲一般とは一線を画するものである。それは、豊麗な歌唱力を有する大津にして初めてなし得たものといえよう。

大津は31歳で実業家と結婚するが、その10年後、くも膜下出血により倒れ最大の危機に見舞われる。しかし良医の措置により、奇跡のカムバックを遂げることができた。

平成に入ってからも、平成26年（２０１４）の歌手生活60周年では、地元での収録番組に熱唱するなど、いまなお精力的な活動を続けている。

若原一郎

伸びやかな歌声を響かせた青春歌謡

若原一郎は昭和6年（1931）、横浜に生まれ、昭和23年（1948）にNHKのど自慢で入賞し、翌年キングレコードから「船に灯がつきゃ」でデビュー。伸びやかな美声と豊富な声量にはデビュー当時から定評があったもののヒットが出ず、長い下積み時代が続いた。

しかし、昭和31年（1956）に「吹けば飛ぶよな」で一躍名が知られるようになり、同年に「風の吹きよで」でNHK紅白歌合戦に初出場。そして昭和33年（1958）に出された「おーい中村君」は、50万枚以上を売り上げる大ヒットとなった。

抒情的な曲からコミカルなものまで

若原はこれらのコミカルな曲を歌う反面、叙情的な曲も定評があった。また、彼が歌う昭和一ケタから戦中の歌謡、ことに軍歌は根強い人気がある。また同じキングの先輩で、敬愛していた岡晴夫の没後はそのヒット曲を歌い継ぎ、メディアや舞台でその歌を披露し、カバーアル

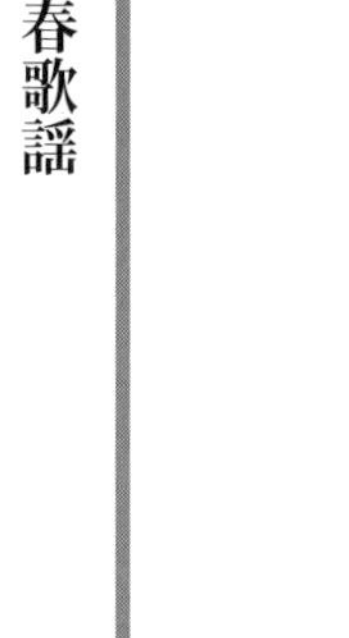

バムも出している。

昭和30年（1955）代以降は低迷するものの、昭和40年（1965）代の懐メロブームで再び脚光を浴び、昭和45年（1970）以降は懐メロ番組の出演に加え、コメディやバラエティ番組へも進出し、タレントとしての人気を得た。

養女だった若原瞳も芸能界入りし、テレビやCMなどで多数共演。またこの時期には、アデランスのCMにも出演してカツラを使用していたことをカミングアウトした。

端正な顔立ちで自他共に認める万年青年であった若原だが、昭和60年（1985）頃から体調を崩し、昭和63年（1988）からは事実上活動を休止。昭和65年（1990）に肝臓癌のため58歳で死去した。

歌謡曲に新風を吹き込んだ爽やかさ

若原といえば「おーい中村君」が直ちに連想されるが、彼のレパートリーは、抒情歌からコミカルなものまで大層幅広い。

前者は「山陰の道」「丘にのぼりて」（両曲とも高橋掬太郎・詞、飯田三郎・曲）、また「少女」が挙げられる。後者は「吹けば飛ぶよな」に始まり、軽快な「ハンドル人生」「風の吹きよで」を経て「中村君」に終る系列である。

若原の歌は、伸びのある美声に加わっての豊かな声量、加えて歯切れの良さが身上である。

後者の諸曲は、いずれもその持ち味を十二分に発揮したがゆえに愛されてきたといえよう。

後期の「山へ行こうよ」などは、とかく歌謡曲につきまとうジメジメしたイメージを払拭した、まさに青春歌謡と呼ぶにふさわしい爽やかなものである。

ほかに彼には、以上の区分のいずれにも属さない「港のペルシャ猫」のような異色の曲もある。

このように固定した歌謡曲の世界を突き抜ける可能性を秘めていた彼だけに、58歳で早世したことは惜しみても余りあるものといえよう。

西暦	昭和	年令	主な発表曲（？は年代不明）
1949	24	18	船に灯がつきゃ
1952	27	21	長崎シャンソン、？風の小六
1954	29	23	吹けば飛ぶよな、東京ナイト
1955	30	24	港のおりくさん、ハンドル人生、風の吹きよで、裏町のピエロ
1956	31	25	滝の白糸、山陰の道
1957	32	26	丘にのぼりて、小島の灯り、？山へ行こうよ
1958	33	27	おーい中村君、？港のペルシャ猫
1959	34	28	アイヨ何だい三郎君、少女
1961	36	30	とんび平に歌がわく

藤島桓夫

独特の鼻音を活かした個性ある歌いぶり

藤島桓夫は、オブさんの愛称と愛嬌のある顔立ちで親しまれるキャラクターであったが、その歌声は、鼻から頭の先に抜けるような高音と渋みのある低音が織り交ざっての特異な歌唱で、まことに個性的な地位を占めた存在であった。また初期のヒット曲に合わせたマドロス・スタイル、後期の大阪ものでは粋な着流し姿も手伝って、多くのファンを獲得した。

港もの、故郷ものでならしたマーキュリー時代

彼は昭和2年（1927）、大阪市西成区の生まれ。高校卒業後、大阪府内の電話局勤務を経て、昭和25年（1950）に当時のタイヘイレコードのオーディションに合格して専属となり「あゝ東京へ汽車は行く」でデビュー。その後マーキュリーから出した「初めて来た港」がヒットし、以後「かえりの港」「さよなら港」（すべて豊田一雄作詞・作曲）などの港シリーズで一世を風靡した。

そして昭和32（1957）年の「お月さん今晩は」の大ヒットは、新たな分野に進み出た彼の代表曲となった。彼はほかに「流し舟歌」「アンコなぜ泣く」などの佳曲を歌って、松山恵子と共にマーキュリーの看板歌手となったが、同社は次第に不振となる。

東芝移籍後、浪速ものでブレイク

そこで彼らは、折から立ち上げられた東芝レコードに移籍。そして昭和35年（1960）に出した「月の法善寺横町」で藤島は大当たりをとり、「お月さん」と並ぶ彼の代名詞となった。これは物語風の曲で、大阪育ちの彼に浪速弁のセリフを言わせるというアイデアの勝利であった。

彼はその後も長く活躍を続け、昭和55年（1980）にはデビュー30周年記念の全国縦断公演を行い、また平成4年（1992）には第34回日本レコード大賞功労賞を受賞するが、その2年後に倒れ、平成6年（1994）2月、高血圧性脳出血のため67歳で死去した。

巧みで堂々たる歌いぶりによる歌謡世界

藤島の歌は、初期の港・マドロスもの（A）、中期の故郷もの（B）、下期の浪花もの（C）に大別されるが、その世界はことのほか多様で、幅広い領域を歌いこなせたことを示している。わけても注目されるのはBグループで、その内容は、都会と地方それぞれの場におかれたままの哀感を歌った、当時最も普遍的だったテーマである。そこに歌われている人物も、流しの船頭や、故郷を捨てながら夢を果たせぬ都会人に過ぎないのだが、それから発散される趣は、ありきたりの感傷をもたない。

「流し舟歌」は、切々としながらもリズミカルな反復で迫り、さらに「凧凧あがれ」では、いずれは一旗揚げずにはおかないぞとの決意を大空に上がる凧に託すというように、メジャーな曲調である。そうした前進性が映じるのは、ひとえに彼の巧みで堂々とした歌いぶりに負っていることはいうまでもない。

今日、藤島といえばもっぱら「法善寺」や「お月さん」が流れるのだが、彼のもつ前述のごとき多様な実力が十全に発揮されぬまま早世したのは、なんとも惜しまれることである。

西暦	昭和	年令	発表曲	経歴
1927	2	0		大阪市西成区生れ
				大鉄高校卒業後、電話局に勤務
1950	25	23	あゝ東京へ汽車は行く	タイヘイレコードでデビュー
1954	29	27	初めて来た港	
1955	30	28	かえりの港	
1956	31	29	さよなら港、流し舟唄	紅白歌合戦に初出場
1957	32	30	また来た港、アンコなぜ泣く、お月さん今晩は、村の駐在所	
1958	33	31	凧凧あがれ、さよなら鷗、憧れの入港	東芝音楽工業に移籍
1959	34	32	別れの影法師	松山恵子も移籍
1960	35	33	月の法善寺横町	
1961	36	34	波止場気質	
1980	55	53	近松人情	デビュー 30 周年記念全国縦断公演
1984	59	57	嫁ぐ娘に	
1985	60	58	帰って来たぜ	
1988	63	61	ええやんか	
1990	平 2	63	思い川	
1992	平 4	65		第 34 回日本レコード大賞功労賞
1994	平 6	67		高血圧性脳出血のため死去

初代コロムビア・ローズ

純情歌謡から職業路線で恒久的存在に

初代コロムビア・ローズは昭和26年（1951）日本コロムビア全国歌謡コンクールで優勝し、日本コロムビアに入社。芸名は、会社名と、第二次世界大戦中、連合国向けプロパガンダ放送を担い、米軍将校から「東京ローズ」と呼ばれた女性アナウンサーをヒントに名付けられたという。

昭和27年（1952）にデビュー後、次頁の表①②③と純情歌謡を毎年出していく。ところが昭和31年（1956）に突如④で彼女のイメージは根底から覆される。それまでの路線ではマンネリ化に陥る恐れがあり、それを破ろうとの方針転換であろう。船村徹の曲に乗せた野村俊夫の詞――「捨てっちゃえ、捨てっちゃえ」という叩きつけるような投げやりなセリフが大いに受けて、彼女の世界を一気に拡げることとなった。

加えて翌年には「東京のバスガール」をリリース。これはまだ少なかったいわゆる職業婦人を扱ったものだが、女性が社会進出してきた時流にのり、そのあこがれの存在とうまくマッチし、コロムビア・ローズの名は不動のものとなった。バスはその後ワンマンとなりバスガールは消えてしまったのに、いまだに（バスガイドでなく）バスガールのイメージが健在なのはまったくこの歌のおかげといえる。

同年、彼女は「プリンセス・ワルツ」という純情歌謡を再出させもしたが、それ以降はヒットに恵まれていない。

しかし20代前半という短期間に「どうせ拾った恋だもの」から「東京のバスガール」まで広い芸域をあてがわれながら、それを可憐な美声によってみごとにこなした彼女は、コロムビアの企画陣にのったまことに幸せな存在といえよう。

コロムビア・ローズの名はその後、二代目、三代目と引き継がれている。

西暦	昭和	年令	ヒット曲	経歴
1933	8	0		群馬県桐生市生れ
1951	26	18		第2回日本コロムビア全国歌謡コンクールで優勝
1952	27	19	娘十九はまだ純情よ	コロムビアレコードからデビュー
1954	29	21	哀愁日記①	
1955	30	22	渡り鳥いつ帰る②	江利チエミと北海道など巡業
1956	31	23	しあわせはどこに③どうせ拾った恋だもの④	渡久地政信、ビクターに移籍
1957	32	24	東京のバスガール⑤プリンセス・ワルツ⑥	
1960	45	27		紺綬褒章受章
1961	46	28		引退
1964	49	31		松本巌と結婚
1965〜	40〜			昭和40年代の懐メロブームを機に活動再開
2005	平17			「大衆音楽の殿堂」入り
2012	平24			歌手デビュー60年を迎え、NHK歌謡コンサートに出演
2013	平25			日本歌手協会創立50周年記念歌謡フェスティバルに出演

和田弘とマヒナスターズ

ムード歌謡のコーラス・グループ

画期的な新しい歌謡形式

昭和32年（1957）、ダークダックスが結成された頃から日本では、デュークエイセス、ザ・ピーナッツなどコーラス・グループが次々と誕生した。日本ではコーラスは当初は伝統的な合唱団に限られていたが、欧米のポピュラー音楽に触発されて、日本でも同様のスタイルを手がけるようになってきた。

昭和29年（1954）に誕生した和田弘とマヒナスターズは、もともとハワイアンバンドであったが、ハワイアンのメロディーと吉田正の楽曲を手本にして、新しい歌謡曲の形式を作り出した画期的なグループであった。

吉田メロディーをムーディにハモる

彼らは昭和32年（1957）に、ムード歌謡のグループとしてデビューしたが、その登場はまったく新鮮であった。リーダー和田弘の奏でるスチールギターの音色に乗って、聞きなれた吉田メロディーが6名の男声コーラスによってハモられるその妙味。そこには歌謡曲のマイナーなイメージを払拭する新たな世界が拓けていたのである。

そのコーラスがまた、時折挿入される裏声（松平直樹）に耳をそばだてられた。それはまさにハワイアンの要素をみごとに歌謡曲に適合させたものであった。

こうして彼らは別表のカバー曲を次々と吹き込み、「魅惑のコーラス」というタイトルの10インチＬＰに集成していった。

そして昭和33年（1958）、オリジナル曲の「泣かないで」で事実上のデビューを果たす。翌年の「夜霧の空の終着港（エアーターミナル）」は、ビクターの歌謡曲部門のレコード売上で年間2位を獲得したほか、ほかに4作がトップ10内にランクインした。

女性歌手とのコラボで局面を拓く

1960年代には、松尾和子らの女性歌手を迎えるスタイルをとり、「誰よりも君を愛す」は第2回日本レコード大賞を受賞した。さらに「寒い朝」「島のブルース」「愛して愛して愛しちゃったのよ」「北上夜曲」など、多数のヒット曲を残した。わけても「お座敷小唄」は、当時としては驚異的な300万枚の売上を記録した。

マヒナの後には、同様の歌謡グループが次々と結成されたが、それらはみな演歌を主体とした、いわば別世界であった。

マヒナはその後内紛を重ね、リーダーの和田、ボーカルの三原さと志らが次々と逝去した。そしていまは、松平が中心となって続けている。

現在マヒナというとすぐに「お座敷小唄」が挙げられるが、彼らの本領は甘くしっとりした雰囲気をもったものであり、「回り道」「目を閉じて」などはもっと聴かれて然るべき佳曲である。

歌謡曲の黄金期のなかで誕生したマヒナスターズの存在は、異色かつ貴重な存在として歌謡史に刻印されるだろう。

西暦	昭和	主な発表曲	デュエット
1957	32	東京の人（三浦洸一のカバー） 哀愁の街に霧が降る（山田真二のカバー）	
1958	33	泣かないで	
1959	34	好きだった（鶴田浩二のカバー） 夜霧の空の終着港、潮来船頭さん、 泣けるうちゃいいさ、グッドナイト＊、 回り道、誰よりも君を愛す＊	松尾和子
1960	35	夜がわるい＊、お百度こいさん	松尾和子
1961	36	惚れたって駄目よ、北上夜曲＊	多摩幸子
1962	37	寒い朝＊	吉永小百合
1963	38	男ならやってみな、島のブルース＊	三沢あけみ
1964	39	目を閉じて、お座敷小唄＊ ウナ・セラ・ディ東京（競作）	松尾和子
1965	40	愛して愛して愛しちゃったのよ＊ 涙くんさよなら（競作）	田代美代子

＊印はデュエット

フランク永井

都会ムードを彩った魅惑の低音

フランク永井は宮城県から上京後、駐留軍キャンプのモータープール勤務のかたわら山内謙一に師事し、ジャズを学んだ。その後、米軍のクラブ歌手をしながら〝のど自慢荒らし〟の異名をとる。

昭和30年（１９５５）、ラジオ番組のコンテストに出演したことが機縁となり、ビクターに入社。正確な英語のフィーリングと幅のある低音部が高く評価され、「バラの刺青」「16トン」などのカバー曲を吹き込んだ。

しかしヒットに恵まれず、昭和31年（１９５６）、その持ち味に着目した吉田正との出会いを機に歌謡曲に転向する。「場末のペット吹き」でデビュー。それから「東京午前三時」をはじめ「夜霧の第二国道」「羽田発7時50分」と、都会調の佳曲を次々に放ち、フランクの名を定着させた。

そのころ「１３．８００円」という、当時の月給生活者をユーモラスに描いた曲も出している。

「有楽町〜」で低音ブームの頂点に立つ

昭和32年（1957）、そごうのキャンペーンソング「有楽町で逢いましょう」が空前のヒットとなり、既発売の曲も相乗ヒットし一躍トップスターとなる。以降の数年間は、別表にある通り目覚ましいものであった。特に「公園の手品師」（宮川哲夫・詞、吉田正・曲）は、諦念が込められた佳曲である。

また、この間、彼が見出したのが松尾和子である。夜のムードを醸し出す彼女とのデュエット「東京ナイトクラブ」などで、彼の世界はさらに広げられた。

昭和36年（1961）にはリバイバル「君恋し」でレコード大賞を受賞する。

大阪ものなどで新たな領域に挑む

その後60年代後半からは大阪ものを手掛けて、「大阪ぐらし」「大阪ろまん」をヒットさせた。これは、かつての都会調を一変させた新しい境地を開いたものだった。（この分野はすでに、昭和33年「こいさんのラブコール」でその端緒が見られる。）

フランク永井の歌は、ジャズで鍛えたフィーリングによる豊麗でふくよかな響きが抜群であった。昭和41年（1966）に発表した「おまえに」は何度もリメイクされ、フランク歌謡の到達点とみなされよう。

しかし昭和58年（1983）の紅白歌合戦に落選し、私生活での行き詰まりなどから自殺未遂。その後遺症で、以後復帰を果たせぬまま76歳で逝去した。

彼の自殺未遂の遠因は、紅白歌合戦の選に洩れたとされている。そのことは歌謡曲の大きな転換期にさしかかった表象である。彼はまさにその犠牲とみるのは言い過ぎであろうか。

歌謡界には珍しい非・演歌系の大御所として存在し続けただけに、わずか50歳代で歌手人生を閉じたのはまことに惜しまれることであった。

西暦	昭和	年令	ヒット曲	経歴
1932	7	0		宮城県志田郡松山町生れ
1951	26	19		上京し米軍のクラブ歌手で契約
1955	30	23		のど自慢を機にビクターと契約
1956	31	24	場末のトランペット吹き	
1957	32	25	13,800円、東京午前三時、夜霧の第二国道、有楽町で逢いましょう	
1958	33	26	羽田発7時50分、街角のギター、西銀座駅前、こいさんのラブコール、俺は淋しいんだ、公園の手品師	
1959	34	27	夜霧に消えたチャコ、東京ナイト・クラブ（松尾和子とのデュエット）、冷いキッス	
1960	35	28	好き好き好き、東京カチート	
1961	36	29	君恋し	日本レコード大賞受賞
1962	37	30	霧子のタンゴ	
1964	39	32	大阪ぐらし	
1966	41	34	大阪ろまん、おまえに	
1985	60	53		自殺をはかり後遺症を患う

石原裕次郎

ソフトな低音で魅了した大スター

プロも認めた低音の歌声

たしか昭和50年（1975）頃の朝日新聞紙上で、映画俳優が歌う歌について、3人の音楽家が論評しあう座談会があった。ただ、数多いスターを論じるに当たって、次の3人は別格とされたことが興味を引いた。

その3人とは、倍賞千恵子、小林旭、石原裕次郎であった。倍賞はSKDの出身で歌はプロ級であるから当然であるが、後の二人は専門家が認めるほどの腕前なのかと、認識を新たにしたのである。

小林は張りのある高音であったが、石原は折からのブームにのって、低音三人組（フランク永井、三船浩）の一人となった。

彼のデビュー曲「俺は待ってるぜ」は、初めは5インチ（12㎝）のテスト盤であったが（だからこれは2番までしかない）評判になったので、「狂った果実」と組み合わせて出し直された。以降は「錆びたナイフ」などヒットが続き、「嵐を呼ぶ男」などは映画の人気とも相俟ってプレスが間に合わなかったと伝えられている。

世代を越えて受容された幅広さ

石原のヒット曲は20曲ほどに及ぶが、それらは別表のように明確に3期に分けられる。第Ⅰ期は、タフガイとしての人気が沸騰した時期である。これらの歌は、映画の活劇と相俟って叩きつけるような迫力に満ちている。

しかし昭和36年（1961）に出した「銀座の恋の物語」は、石原歌謡のエポックメイキングな曲であった。この歌はデュエットソングの定番となったが、それは男女を問わず唱和できる大衆性を有していたからである。

続く「赤いハンカチ」で、石原歌謡は若者だけでなく、中高年にも受け入れられる画期的なものとなった。

終期に表された石原歌謡の到達点

以上の第Ⅱ期を経ての第Ⅲ期は「夜霧よ今夜も有難う」を起点とする6曲である。これらの歌は、成熟した石原歌謡の到達点を示している。

とくに諦念に満ちた末期、昭和62年（1987）の2曲、「わが人生に悔いなし」と「北の旅人」は感動を呼ぶものである。

わずか53歳で生涯を閉じた裕次郎は、本命の映画では「嵐を呼ぶ男」や「黒部の太陽」などの話題作はあるが、ついに史上に残る作品を残し得なかった。

その傍ら余技ともいえる歌謡曲では、いまも歌い継がれる名曲を遺して逝ったことは皮肉なことである。

西暦	昭和	年令	主な発表曲
			第Ⅰ期
1957	32	23	俺は待ってるぜ、錆びたナイフ
1958	33	24	嵐を呼ぶ男、鷲と鷹、お前にゃ俺がついている、明日は明日の風が吹く、素晴らしい男性、風速40米、赤い波止場、紅の翼
			第Ⅱ期
1961	36	27	銀座の恋の物語（重唱：牧村旬子）
1963	38	29	夕陽の丘（重唱：浅丘ルリ子）
1965	40	31	二人の世界
			第Ⅲ期
1967	42	33	夜霧よ今夜も有難う
1969	44	35	港町 涙町 別れ町
1972	47	38	恋の町札幌
1977	52	43	ブランデーグラス
1987	62	53	わが人生に悔いなし、北の旅人

三波春夫

歌謡浪曲を開拓した国民的歌手

三波春夫の70年余にわたる芸能人生は、大きく三つの時期に分けられる。第I期は、浪曲界に入り、戦争でシベリア抑留を経るも「南篠文若」の名で活動した時期である。

浪曲で鍛えた美声の開花

第Ⅱ期は、「三波春夫」と改称し、歌謡界で活躍した時期で、この昭和32年（1957）からの10年間は歌謡界の黄金期を支えた時期である。「チャンチキおけさ」「雪の渡り鳥」など三波歌謡を代表する曲が次々と出され、浪曲で鍛えた美声を活かし、どれも大ヒットとなった。

それがひとしきり過ぎると「大利根無情」「忠太郎月夜」など大衆演劇を素材にした歌を手がけ、これがまた大受けしてダントツのレコード売り上げを占めた。

こうして彼の浪曲経験がみごとに活きることになり、第Ⅲ期を迎える。

昭和39年（1964）、「北村桃児」の名で自ら作詞・構成した長編歌謡浪曲「俵星玄蕃」を発表。浪曲師時代の経験を活かして歌と浪曲を融合させ、浪曲特有の啖呵や節回しも取り入れて長時間の浪曲を圧縮した『長編歌謡浪曲』は三波歌謡の象徴となった。

これ以降、歌手活動だけに留まらぬ精力的な創作活動を展開。「豪商一代 紀伊國屋文左衛門」など数々の日本史上の人物や出来事を題材にした作品を発表した。

晩年まで持続し続けた活力

以上、三波歌謡は、第Ⅱ期の「チャンチキおけさ」「大利根無情」などの10曲と、第Ⅲ期の歌謡浪曲（「俵星玄蕃」など）で括られるであろう。

今日三波春夫といえば、「東京五輪音頭」や「世界の国からこんにちは」がすぐに挙げられるが、これらは高度成長期を迎えた昭和日本を象徴した歌で、そのためいずれも何人もの競作であり、三波歌謡の本流ではない。大衆に最も受容されたのは第Ⅱ期初期の数曲であり、今も愛唱されている。

また第Ⅲ期で切り拓いた歌謡浪曲こそが、第Ⅰ期で培った浪曲をみごとに歌謡曲と融合させた功績として評価されるであろう。

それにしても生涯をかけて日本の古典を活かし（「平家物語」）、自身作詞・作曲も手掛ける（「おまんた囃子」）など、三波の旺盛なエネルギーには驚嘆すべきものがある。

西暦	昭和	年令	主な発表曲	経　歴
			第Ⅰ期	
1923	大12	0		新潟県三島郡越路町(長岡市)生れ
1936	11	13		家族で上京。浪曲師を志す
1938	13	15		仕事の傍ら、即席浪曲を披露
1939	14	16		日本浪曲学校生,六本木で初舞台
1940	15	17		住吉亭で南條文若名で披露興業
1941	16	18		少年浪曲家として初の巡業
1944	19	21		帝国陸軍に入営し満州国に渡る
1945	20	22		ソ連軍と交戦し、敗戦後捕虜
		~26		シベリア抑留中、収容所で浪曲
1949	24	34		帰国。野村ゆきと結婚
			第Ⅱ期	
1957	32	34	チャンチキおけさ、船方さんよ、雪の渡り鳥	三波春夫と改称、歌謡界デビュー
1958	33	35	都々逸舟唄、旅笠道中、天竜しぶき笠、トッチャカ人生	
1959	34	36	大利根無情、忠太郎月夜	
1960	35	37	一本刀土俵入り	
1963	38	40	東京五輪音頭	(競作)
			第Ⅲ期	
1964	39	41	俵星玄蕃、百年桜	
1966	41	43	紀伊国屋文左衛門	
1967	42	44	世界の国からこんにちは	(競作)
1975	50	52	おまんた囃子	日本浪曲学校生,六本木で初舞台
1987	62	64		第38回紅白歌合戦を辞退
1994	平6	71	「平家物語」	第36回日本レコード大賞企画賞
2000	平12	77	最終シングル「富士山」	
2001	平13	78		死去

松山恵子

ド派手なドレスで愛された国民的歌手

松山恵子は昭和12年（1937）福岡県で生まれ、東京から父の故郷の愛媛県宇和島市へ引越す。中学生で出場した日本コロムビア全国歌謡コンクールで入賞を果たし、歌手になるため上京しようとしたが資金が足りず、とりあえず大阪市淀川区に引越し、大阪エコー音楽学院の研究生となる。

岡崎景子の名で「雪州音頭」を、全国歌謡コンクールで優勝した日本マーキュリーレコードから出してデビューする。

そして昭和31年（1956）に「十九の浮草」がヒットし、一躍スターダムにのし上がり、藤島桓夫と共に同社の看板歌手となった。

以降、「未練の波止場」「だから云ったじゃないの」「お別れ公衆電話」など数多くのヒットを飛ばし、「NHK紅白歌合戦」には通算8回出場している。

女の嘆きを強烈に歌った松山歌謡

松山のヒット曲は多くなくて数曲に限られ、8回も出場した紅白でも、これらの曲を繰り返し歌っている。しかし彼女は、昭和歌謡に欠かせぬ強烈な存在を誇っている。その独自性は何であろうか。

彼女の歌った曲趣は、すべて共通している。それは、男に捨てられた女の嘆きである。男は強者で女は弱者、男より女が劣るという不当な現実は、歌の世界に繰り返されてきた。松山歌謡もその例に洩れないのだが、歌手松山はそれを臆することなく徹底して嘆き、恨み抜いた。

「だから言ったじゃないの」では「男なんかの言うことを」となじり、「お別れ公衆電話」では「ここが切れ目どき」とあきらめ、「未練の波止場」では「捨てても恨みはしない」と覚悟を表明する。それらの慨嘆を松山は、愚痴ごとでなく、居直るかのように押し出した。こうしたたくましさに、彼女の得難い魅力がみてとれると思う。

昭和44年（1969）交通事故に遭い瀕死の重傷を負うが不屈の闘志で復活し、最後まで国民的歌手としての人気を維持。晩年はド派手なドレスを着込んで歌うという、年齢を感じさせないステージが多くの世代に親しまれ、懐メロ番組に欠かせない存在であった。

平成7年（1995）には、第37回日本レコード大賞功労賞を受賞している。

西暦	昭和	年令	ヒット曲	経歴
1937	12	0		福岡県戸畑市生れ。終戦後、愛媛県宇和島市へ転居
				中学２年で、コロムビア全国歌謡コンクールで入賞
1954	29	17		家族全員で上京するも、資金難で大阪市淀川区に転居
				大阪エコー音楽院生。日本マーキュリー全国歌謡コンクールで優勝
54 ?	29	17	雪洲音頭（岡崎景子名義）	
1955	30	18	マドロス娘、宵街ワルツ	
1956	31	19	十九の浮草	
1957	32	20	未練の波止場	紅白歌合戦に出場
1958	33	21	だから言ったじゃないの	
1959	34	22	お別れ公衆電話	
1969	44	32		交通事故に遭い、瀕死の重傷負う
1995	平 7	58		日本レコード大賞功労賞受賞
2006	平 18	69		マネージャーと養子縁組し、死去

美空ひばり

半世紀にわたり歌謡界に君臨した女王

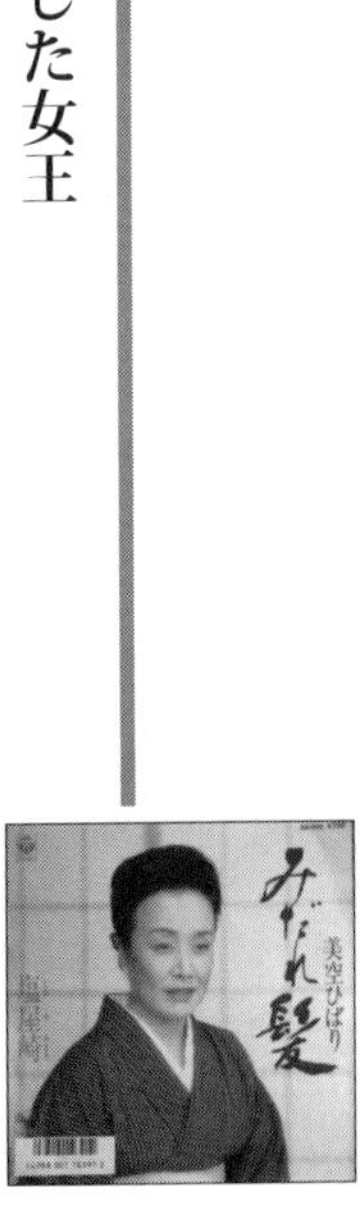

昭和の終焉とともに旅立った美空ひばりは、千曲に余る歌を遺したが、歌謡史に刻まれる佳曲は十数曲に留まると思う。

五十余年にわたるひばり歌謡の代表曲は、別表に示すようなものである。まさに、ひばり歌謡史は半世紀に及ぶものであり、これを表のように4期に分けてみる。

早くも後年の特色を示した第Ⅰ期

第Ⅰ期（初期）は、ひばり12～16歳までだが、この時期は早くも彼女の特色が現れている。

即ち、その多彩なレパートリーのうち、都会もの（「東京キッド」、「私は街の子」、「ひばりの花売娘」）、田園もの（「あの丘越えて」、「リンゴ追分」、「津軽のふるさと」、時代もの（「越後獅子の唄」）と、幅広い分野を万遍なく占めているのに感心させられる。そして各分野を代表し、いまだに聴き継がれている歌が、この初期に早くも歌われていることも彼女の早熟ぶりを語っている。

頂点をなした第Ⅱ期

第Ⅱ期（中期）17歳〜21歳は、歌手ひばりの頂点をなした時期である。年ごとに出された曲はいずれもヒットし、かつ今日に残る佳曲ばかりである。

特に「ひばりのマドロスさん」を皮切りとし、「港町十三番地」に代表されるマドロスものは、この時期に集中している。それは横浜で生まれ育った彼女なればこそ、ところを得たジャンルであった。

公私ともに多難をきわめた第Ⅲ期

第Ⅲ期（後期）22〜40歳は、ひばりにとって、年表に見られるように、公私ともに多難をきわめた時期であった。

歌謡界は変動期を迎えており、曲がり角にさしかかった彼女は、①②を最後に、主流となった演歌路線③④への転換を余儀なくされた。そしてこの路線はレコード大賞の「柔」⑤で確定した。

本来の歌謡曲を本命とした第Ⅳ期

第Ⅳ期（晩期）41～52歳に入って、その路線は「みだれ髪」で締め括られるのだが、一方で「愛燦燦」のような曲を歌う。

また彼女は、昭和63年（1988）の「川の流れのように」を終生歌い続けたいと願ったとのこと。

それは彼女自身も、その本領は「柔」のような演歌なぞでなく、やはり中期に輝いた歌謡曲本来の姿を本命としていたことの証しであろう。

西暦	昭和	年令	出来事	発表曲
1937	12	0	横浜市磯子区滝頭で生まる	
1946	21	9	磯子のアテネ劇場に立つ。精華学園に入学	
1947	22	10	四国巡業でバス事故に遭う	

初期			1949(昭24)～1953(昭28)	
1949	24	12	「のど自慢狂時代」に出演	河童ブギ
1950	25	13	川田晴久と渡米しハワイ公演	東京キッド、越後獅子の唄
1951	26	14		私は街の子、あの丘越えて、ひばりの花売娘
1952	27	15	リンゴ追分が大ヒット	リンゴ追分、お祭りマンボ
1953	28	16		津軽のふるさと

中期			1954(昭29)〜1958(昭33)	
1954	29	17		ひばりのマドロスさん④
1955	30	18		娘船頭さん
1956	31	19		君はマドロス海つばめ、やくざ若衆祭唄、波止場だよお父っつあん
1957	32	20		長崎の蝶々さん、港町十三番地、浜っ子マドロス
1958	33	21		三味線マドロス、花笠道中

後期			1959(昭34)〜1977(昭52)	
1960	35	23		哀愁波止場①
1961	36	24		車屋さん②
1962	37	25		ひばりの佐渡情話③
1963	38	26		関東春雨傘④
1964	39	27	舞台公演に活路を見出す	
1965	40	28	「柔」でレコード大賞	柔⑤
1966	41	29		悲しい酒
1967	42	30	芸能生活 20 周年	真赤な太陽
1971	46	34	日本歌謡大賞	
1973	48	36	全国的な会場締め出しに遭う	
1974	49	37	かとう哲也と養子縁組	一本の鉛筆
1976	51	39	芸能生活 30 周年	

晩期			1978(昭53)〜1989(平1)	
1981	56	44	母・喜美枝死去	
1986	61	49		愛燦燦
1987	62	50		みだれ髪
1988	63	51	東京ドーム公演	
1989	64	52	死去	川の流れのように

あとがき

仕事で地方へ一週間ほど出張するときには、いつもバッグに愛聴曲を収めたカセットを何本も入れていった。音楽の好みはジャンルを問わなかったが、とりわけクラシックが多めであった。ところが車中や寝しなに取り出すのはきまって歌謡曲で、あれほど入れ込んだ洋楽類にまったく手がのびなかったのは自分でも意外であった。

そこで思い出されたのは、高名な仏文学者・桑原武夫の文章である。氏は入浴中に口ずさむのは、決してフランスの小唄などではなく、日本の歌であったというのである。

旅情に誘われての環境もあったろうが、独りしみじみ聴き入るのは、やはり日本の歌にしくはないことを思い知ったことであった。

それにしても、近年は歌謡曲らしい歌謡曲が聴かれなくなった。メディアに流される歌を聴くたび、昭和歌謡それも戦後のものにさかのぼって耳をいやすこのごろである。その戦後歌謡への思いやみがたく、ここに数十曲を選んで論評を試みた次第である。

またそれらは、その当時の歴史、社会現象のうえに生まれたものとみられることから、同時代の出来事を併記してみた。これによりこれらの曲の味わいが一層深まり、理解できるであろうと思ったからである。

筆者は大学で及ばずながら、学問の研究方法を学んできた。しかし研究分野は多岐にわたるものの、大衆芸術わけても歌謡曲を対象にしたものはきわめて少ない。これをアカデミックな研究対象にできないものかと、長いこと試行錯誤していた。

そこへ、《美空ひばり学会》なる組織が2001年に立ち上げられたのを目にした。早速飛び込み、その機関誌にひばり歌謡をテーマとした文章を書き継ぎ、それを世に出したのが『美空ひばりという生き方』（青弓社刊）である。その後、対象を戦後の昭和歌謡に拡げてみたのが本書である。

このたび、出版プロデューサー今井恒雄氏のご尽力もあり本書を上梓できたことは喜びに耐えない。また終始、励ましをいただいた新井恵美子さん、島倉繁夫さん、ひばり学会員の方々、そして出版を快諾して下さった展望社の唐澤明義社長に感謝の意を表したい。

最後に本書を竹島良彰《美空ひばり学会》初代代表の霊前に捧げる。

参考資料

『日本流行歌史』古茂田信男・島田芳文・矢沢 寛・横沢千秋（社会思想社）
『日本史年表』歴史学研究会 編（岩波書店）
『年表昭和史』中村政則 編（岩波書店）
『昭和史』（小学館）
『昭和世相史―記録と年表でつづる世相と事件』原田勝正 編著（小学館）
『歌のなかの東京』柴田勝章（中央アート出版）
『「平凡」の時代』阪本博志（昭和堂）
『「美空ひばり学」入門講座』竹島嗣学（日新報道）
『川の流れのように』美空ひばり（集英社）
『昭和歌謡 100 名曲 1 ～ 5』塩澤実信（北辰堂出版）
『女たちの歌』新井恵美子（光文社）
『美空ひばり 神がくれた三曲』新井恵美子（北辰堂出版）
『美空ひばり 公式完全データブック』角川書店

以上のほか、ネットの情報をいろいろ参考にさせていただきました
歌碑写真：(website) 歌碑を訪ねて西東 より

想田 正（そうだ ただし）
本名・川田正美。昭和 19 年、東京生まれ。
法政大学文学部卒業。出版社勤務を経てフリーの編集者、著述業。《美空ひばり学会》代表。著書に「美空ひばりという生き方」「宇野功芳――人と批評」（ともに青弓社）。

歌でたどる昭和

令和 3 年 7 月 27 日発行
著者 / 想田 正
発行者 / 唐澤明義
発行 / 株式会社展望社
〒 112-0002 東京都文京区小石川 3 - 1 - 7 エコービル 202
TEL:03-3814-1997 FAX:03-3814-3063
http://tembo-books.jp
印刷製本 / モリモト印刷株式会社

ISBN 978-4-88546-403-4 定価はカバーに表記
日本音楽著作権協会（出）許諾第 2105370-101 号